V&R

PSYCHODYNAMIK **Kompakt**

Herausgegeben von
Franz Resch und Inge Seiffge-Krenke

Svenja Taubner / Jana Volkert

Mentalisierungsbasierte Therapie für Adoleszente (MBT-A)

Vandenhoeck & Ruprecht

Mit 4 Abbildungen und 6 Tabellen

Bibliografische Information der Deutschen Nationalbibliothek

Die Deutsche Nationalbibliothek verzeichnet diese Publikation in der Deutschen Nationalbibliografie; detaillierte bibliografische Daten sind im Internet über http://dnb.d-nb.de abrufbar.

ISBN 978-3-525-40576-5

Weitere Ausgaben und Online-Angebote sind erhältlich unter: www.v-r.de

Umschlagabbildung: Paul Klee, Garden Signs, 1926, INTERFOTO/SuperStock/ Barnes Foundation

© 2017, Vandenhoeck & Ruprecht GmbH & Co. KG,
Theaterstraße 13, D-37073 Göttingen /
Vandenhoeck & Ruprecht LLC, Bristol, CT, U.S.A.
www.v-r.de
Alle Rechte vorbehalten. Das Werk und seine Teile sind urheberrechtlich geschützt. Jede Verwertung in anderen als den gesetzlich zugelassenen Fällen bedarf der vorherigen schriftlichen Einwilligung des Verlages.
Printed in Germany.

Satz: SchwabScantechnik, Göttingen
Druck und Bindung: ⊕ Hubert & Co GmbH & Co. KG,
Robert-Bosch-Breite 6, D-37079 Göttingen

Gedruckt auf alterungsbeständigem Papier.

Inhalt

Vorwort zur Reihe 7

Vorwort zum Band 9

Einleitung 11

Teil I: Einführung in die Mentalisierungstheorie und Anforderungen der Adoleszenz

1 Einführung in die Mentalisierungstheorie 14
   1.1 Definition und historischer Hintergrund 14
   1.2 Effektives Mentalisieren als Ziel der MBT 15
   1.3 Die Veränderungstheorie der MBT 16

2 Die Adoleszenz 19
   2.1 Zeitliche Eingrenzung 19
   2.2 Gehirnentwicklung in der Adoleszenz 20

3 Entwicklung der Mentalisierungsfähigkeit 23
   3.1 Bindung, Feinfühligkeit und Mentalisierung 24
   3.2 Bindung und Mentalisierung in der Adoleszenz 25

4 Störungen der Mentalisierungsentwicklung in der Adoleszenz 28
   4.1 Adoleszenzkrise oder Persönlichkeitsstörung? 29
   4.2 Zusammenbruch der Mentalisierung und das »fremde Selbst« 31
   4.3 Prämentalisierende Denkmodi 33

TEIL II: Mentalisierungsbasierte Therapie für Adoleszente (MBT-A)

5 Ablauf der MBT-A 37

6 Diagnostikphase der MBT-A 39
   6.1 Allgemeine Charakteristika 39
   6.2 Mentalisierungsdiagnostik 40

7 Ziele, Fokusformulierung und Krisenplan 42
   7.1 Therapeutische Ziele 42
   7.2 Fokusformulierung 43
   7.3 Krisenplan 46

8 Psychoedukation: MBT-AI 47

9 Behandlungsphase 49
   9.1 Therapeutische Haltung 49
   9.2 Interventionen der MBT-A 51

10 Familiensitzungen (MBT-F) 61
   10.1 Grundidee 61
   10.2 Der MBT-F-Kreislauf der Interventionen 63

11 Supervision 66

12 Adhärenz und Wirksamkeit von MBT-A 73

13 Fazit und Ausblick 76

Literatur 78

Anhang: Krisenplan 86

Vorwort zur Reihe

Zielsetzung von PSYCHODYNAMIK KOMPAKT ist es, alle psychotherapeutisch Interessierten, die in verschiedenen Settings mit unterschiedlichen Klientengruppen arbeiten, zu aktuellen und wichtigen Fragestellungen anzusprechen. Die Reihe soll Diskussionsgrundlagen liefern, den Forschungsstand aufarbeiten, Therapieerfahrungen vermitteln und neue Konzepte vorstellen: theoretisch fundiert, kurz, bündig und praxistauglich.

Die Psychoanalyse hat nicht nur historisch beeindruckende Modellvorstellungen für das Verständnis und die psychotherapeutische Behandlung von Patienten hervorgebracht. In den letzten Jahren sind neue Entwicklungen hinzugekommen, die klassische Konzepte erweitern, ergänzen und für den therapeutischen Alltag fruchtbar machen. Psychodynamisch denken und handeln ist mehr und mehr in verschiedensten Berufsfeldern gefordert, nicht nur in den klassischen psychotherapeutischen Angeboten. Mit einer schlanken Handreichung von 60 bis 70 Seiten je Band kann sich der Leser schnell und kompetent zu den unterschiedlichen Themen auf den Stand bringen.

Themenschwerpunkte sind unter anderem:
- *Kernbegriffe und Konzepte* wie zum Beispiel therapeutische Haltung und therapeutische Beziehung, Widerstand und Abwehr, Interventionsformen, Arbeitsbündnis, Übertragung und Gegenübertragung, Trauma, Mitgefühl und Achtsamkeit, Autonomie und Selbstbestimmung, Bindung.
- *Neuere und integrative Konzepte und Behandlungsansätze* wie zum Beispiel Übertragungsfokussierte Psychotherapie, Schematherapie, Mentalisierungsbasierte Therapie, Traumatherapie, internet-

basierte Therapie, Psychotherapie und Pharmakotherapie, Verhaltenstherapie und psychodynamische Ansätze.
- *Störungsbezogene Behandlungsansätze* wie zum Beispiel Dissoziation und Traumatisierung, Persönlichkeitsstörungen, Essstörungen, Borderline-Störungen bei Männern, autistische Störungen, ADHS bei Frauen.
- *Lösungen für Problemsituationen in Behandlungen* wie zum Beispiel bei Beginn und Ende der Therapie, suizidalen Gefährdungen, Schweigen, Verweigern, Agieren, Therapieabbrüchen; Kunst als therapeutisches Medium, Symbolisierung und Kreativität, Umgang mit Grenzen.
- *Arbeitsfelder jenseits klassischer Settings* wie zum Beispiel Supervision, psychodynamische Beratung, Arbeit mit Flüchtlingen und Migranten, Psychotherapie im Alter, die Arbeit mit Angehörigen, Eltern, Gruppen, Eltern-Säuglings-Kleinkind-Psychotherapie.
- *Berufsbild, Effektivität, Evaluation* wie zum Beispiel zentrale Wirkprinzipien psychodynamischer Therapie, psychotherapeutische Identität, Psychotherapieforschung.

Alle Themen werden von ausgewiesenen Expertinnen und Experten bearbeitet. Die Bände enthalten Fallbeispiele und konkrete Umsetzungen für psychodynamisches Arbeiten. Ziel ist es, auch jenseits des therapeutischen Schulendenkens psychodynamische Konzepte verstehbar zu machen, deren Wirkprinzipien und Praxisfelder aufzuzeigen und damit für alle Therapeutinnen und Therapeuten eine gemeinsame Verständnisgrundlage zu schaffen, die den Dialog befördern kann.

Franz Resch und Inge Seiffge-Krenke

Vorwort zum Band

Vertrauen und Verstehen sind zentrale Begriffe einer psychotherapeutischen Beziehungsgestaltung. Das Konzept der Mentalisierung liefert dafür ein wissenschaftlich formulierbares und überprüfbares Fundament, indem es die imaginative Fähigkeit, sich in andere (und eigene) Motive und Handlungsgründe hineinzuversetzen, als Entwicklungserrungenschaft des Menschen erkennbar macht. Das Mentalisierungskonzept schließt damit an moderne Entwicklungstheorien an und macht diese für die Psychoanalyse fruchtbar.

Aspekte der Mentalisierungsfähigkeit sind auch Teil der psychischen Struktur: zum Beispiel die Wahrnehmung der eigenen Innenwelt oder die Wahrnehmungsfähigkeit für die Gedanken und Gefühle anderer. Das Konzept der Mentalisierung ist ganz besonders für die Altersgruppe der Adoleszenz von Bedeutung, da die Prozesse der Entwicklung der Mentalisierungsfähigkeit dort normalerweise eine selbstreflexive Zuspitzung erfahren und mit erhöhter Abstraktionsfähigkeit auch elaborierter werden. Störungen der Mentalisierung in der Adoleszenz können vielfältig begründet sein und bis zu einem »fremden Selbst« führen. Frühe aversive Erfahrungen finden so ihre Auswirkung in unterschiedlichen prämentalisierenden Denkmodi.

Die beiden Autorinnen geben eine Einführung in die Mentalisierungsbasierte Therapie für Adoleszente, die nicht nur gut verständlich und praxisorientiert ist, sondern auch die theoretischen Grundlagen in überzeugender Weise mitreflektiert. Der phasenhafte Ablauf der Therapie wird ausführlich gewürdigt und jeder Diagnostik- und Therapiephase ein Kapitelteil gewidmet. Familiensitzungen stellen für Jugendliche eine notwendige Ergänzung dar. Diese können auch als eigenständige Interventionen genutzt werden. Auf Teufelskreise der Mentalisierungsprobleme in Familien wird besonders eingegangen. Praktische Dialogbeispiele machen das Buch erfreulich plastisch und gut lesbar.

Franz Resch und Inge Seiffge-Krenke

Einleitung

Die Mentalisierungsbasierte Therapie (MBT) wurde in London von Anthony Bateman und Peter Fonagy entwickelt und stellt einen neuen und integrativen Behandlungsansatz dar, der ursprünglich für die Behandlung von Patientinnen und Patienten mit Borderline-Persönlichkeitsstörung (BPS) entwickelt wurde. Mittlerweile wurde die MBT kontinuierlich weiterentwickelt und wird unter anderem auch für die Behandlung von Patienten mit anderen Störungsbildern, etwa bei Depression, Essstörung oder antisozialer Persönlichkeitsstörung, sowie bei Adoleszenten und deren Familien eingesetzt. Letztere Gruppe stellt den Fokus dieses Buches dar. Das Ziel dieses Buches ist, eine theoretisch fundierte und praxistaugliche Einführung in die MBT-A für Therapeuten und andere Personen, die im psychosozialen Bereich mit Jugendlichen arbeiten, zur Verfügung zu stellen.

Zu den Grundprinzipien der MBT gehört, dass diese nicht nur für Therapeutinnen und Therapeuten, sondern auch für Personen, die in anderen Bereichen mit Adoleszenten arbeiten, zum Beispiel in Timeout-Klassen oder im Betreuten Wohnen, hilfreich sein kann. Obwohl die MBT psychodynamische Wurzeln hat, stellt sie eine schulenübergreifende Integration verschiedener therapeutischer Ansätze dar. Sie integriert verhaltenstherapeutische und systemische Ansätze sowie Ansätze aus der interpersonellen Therapie und Gesprächspsychotherapie. Insbesondere in der Phase der Adoleszenz besteht eine bedeutsame Chance für die Entwicklung der Mentalisierungsfähigkeit.

Der erste Teil des Buches gibt eine Einführung in die Mentalisierungstheorie sowie in die Entwicklung der Mentalisierung mit einem Schwerpunkt auf dem Jugendalter. Im zweiten Teil des Buches wird die MBT-A mit ihren einzelnen Phasen von Indikationsstellung, Diagnostik, Psychoedukation (MBT-AI), Arbeit mit Familien (MBT-F) bis zur therapeutischen Haltung und zu spezifischen Techniken dargestellt. Den Abschluss bildet ein kurzes klinisches Fallbeispiel aus dem Supervisionskontext. Der mit Adoleszenten arbeitende Praktiker, die Praktikerin findet hier eine komprimierte Einführung in die MBT-A, während weitere, ausführlichere Informationen sich in den Manualen zur Behandlung Erwachsener finden lassen (Bateman u. Fonagy, 2016; Taubner, Fonagy u. Bateman, im Druck).

Teil I
Einführung in die Mentalisierungstheorie und Anforderungen der Adoleszenz

1 Einführung in die Mentalisierungstheorie

1.1 Definition und historischer Hintergrund

Mentalisierung oder Mentalisieren bezeichnet eine imaginative Fähigkeit, sich mentale Gründe des eigenen Verhaltens und des Verhaltens anderer (z. B. Emotionen, Wünsche, Kognitionen und Ziele) vorzustellen (Fonagy, Gergely, Jurist u. Target, 2002). Über den Prozess des Mentalisierens wird hinter dem eigenen und fremden Verhalten ein psychischer Prozess vermutet, der Verhalten erklärbar und auch zu einem gewissen Grad vorhersagbar macht. Die Fähigkeit zum Mentalisieren ist eine Entwicklungserrungenschaft, die aufgrund misslingender früher Interaktionen, traumatischer Erfahrungen generell oder kontextspezifisch eingeschränkt sein kann. Darüber hinaus wird Mentalisierung als eine dynamische Fähigkeit angesehen, die in Abhängigkeit von der eigenen Emotionalität, der aktuellen Situation und den beteiligten Personen variieren kann, weshalb sie am zutreffendsten als ein Prozess bezeichnet werden kann (Fonagy, Luyten u. Strathearn, 2011).

Das Konzept diente zunächst dazu, die Transmissionslücke der Weitergabe von Bindungsmustern von Eltern an ihre Kinder zu schließen (Fonagy, Steele, Steele, Moran u. Higgitt, 1991). In der Folge wurde das Konzept erweitert und stellt aktuell eine der empirisch begründeten Weiterentwicklungen der Psychoanalyse dar. Mit ihrer Neukonzeptualisierung der Mentalisierungstheorie versuchten Fonagy und Kollegen außerdem, die Psychoanalyse an die modernen empirischen Entwicklungstheorien und Überlegungen zur »Theory of Mind« (ToM) (Baron-Cohen, 1995) anzuschließen. Die Mentalisierungstheorie knüpft also unmittelbar an die ToM-Forschung an und verbindet diese mit psychoanalytischen Überlegungen und Erkenntnissen der Bindungstheorie.

1.2 Effektives Mentalisieren als Ziel der MBT

Mentalisieren bezeichnet ein multidimensionales Konstrukt, das konzeptuelle Überschneidungen zu anderen bedeutsamen klinischen Konzepten aufweist, wie Achtsamkeit (Mindfulness), Affektbewusstsein, Empathie, Introspektion und psychologische Sensibilität (Psychological Mindedness), und kann von diesen in folgender Weise abgegrenzt werden: Mentalisierung umfasst sowohl die Erkenntnis des Selbst (Achtsamkeit, Introspektion) als auch die des Anderen (Empathie), integriert Kognition und Affekt (Affektbewusstsein, psychologische Sensibilität) und beinhaltet darüber hinaus eine Dimension expliziter und impliziter Interpretation (Choi-Kain u. Gunderson, 2008). Besonders die implizite Dimension, welche ein automatisches Verständnis vom Selbst und vom Anderen beinhaltet, kann systematisch fehlerbehaftet sein. Das Ziel der MBT ist die Förderung von effektivem Mentalisieren, welches in vier Bereiche unterteilt werden kann:
1. Die *Wahrnehmung der eigenen Innenwelt* beschreibt die Fähigkeit, eine neugierige Haltung gegenüber den eigenen Gedanken und Gefühlen einzunehmen, sich widersprechende Ideen und Gefühle anzunehmen, und die Erkenntnis, dass nicht immer alle psychischen Anteile bewusst sein können, besonders in Konfliktsituationen. Des Weiteren geht es darum, sich für Unterschiede zwischen der eigenen Psyche und der Psyche anderer zu interessieren sowie um ein Bewusstsein für die Auswirkung von Affekten und wie sie das Verständnis für andere verstellen können. Darüber hinaus geht es um die Annahme der Veränderlichkeit und der Entwicklung der eigenen und der Sicht anderer im Laufe des Lebens. Außerdem gehört ein realistischer Skeptizismus dazu, dass die eigenen Gefühle von Zeit zu Zeit verwirrend sein können.

2. *Selbstrepräsentation* beschreibt die Annahme eines reichen inneren psychischen Erlebens, eine autobiografische Kontinuität sowie fortgeschrittene Kommunikationsfähigkeiten, etwa gut zuhören und sich selbst gut erklären zu können.
3. Die *Wahrnehmung der Gedanken und Gefühle anderer* bezieht sich auf ein genuines Interesse am Gegenüber, besonders an den Gedanken und Gefühlen, auf eine Offenheit, etwas Neues zu erfahren, sowie die Fähigkeit zur Kontemplation und Reflexion, das heißt einen Wunsch zu haben, in Ruhe über andere nachzudenken, statt schnell zu reagieren. Darüber hinaus gehört dazu die Fähigkeit der Perspektivenübernahme, die Anerkennung der Verborgenheit von Gefühlen und die Abwesenheit von paranoiden Vorstellungen, also die Gedanken anderer nicht als bedrohlich anzusehen und die Gewissheit zu haben, dass sich Vorstellungen verändern können. Des Weiteren geht es auf der Grundlage des Verständnisses mentaler Befindlichkeiten um die Fähigkeit, anderen zu verzeihen, und darum, ein Gefühl der Vorhersehbarkeit entwickeln zu können in dem Sinne, dass Menschen nicht irrational erscheinen.
4. *Allgemeine Werte und Haltungen* beziehen sich auf eine Vorsicht, im Sinne des Fehlens einer absoluten Sicherheit darüber, was richtig und falsch ist, einer Präferenz für Komplexität und Relationismus sowie einer Erkenntnis, dass niemand einen privilegierten Zugang zu Mentalem hat und dass Fehlwahrnehmungen des Selbst und Anderer wahrscheinlich sind.

1.3 Die Veränderungstheorie der MBT

Der zentrale Veränderungsmechanismus in der MBT-A ist das Herstellen einer akkuraten Repräsentation der Psyche anderer und des Selbst und die Unterstützung eines besseren Verständnisses, wie das eigene Verhalten das Verhalten anderer beeinflusst. Im Gegensatz zu verhaltenstherapeutischen Modellen, die ähnliche Ziele verfolgen können, fokussiert die MBT auf und arbeitet mit Emotionen und nicht mit Kognitionen. Die zentrale Philosophie besteht darin, dass die therapeutische Beziehung einer Bindungsbeziehung gleicht, in deren Rahmen nicht mentalisierte Emotionen und ihre psychischen Repräsentationen erkundet werden können (Bateman u. Fonagy, 2004). Eine weitere Grundidee der MBT geht davon aus, dass starke Affektzustände Mentalisierung erschweren oder verunmöglichen können und dass verzerrte Repräsentationen die Folge von Mentalisierungseinbrüchen darstellen. Um akkuratere Repräsentationen des Selbst und der Anderen zu erreichen, ist es notwendig, die Mentalisierungsfähigkeit wiederherzustellen, was nur möglich ist, wenn die zugrunde liegende Emotion mentalisiert worden ist. Die MBT-A nutzt dafür nicht nur das Gespräch, sondern integriert visualisierende und Spiel-Elemente. Darüber hinaus ist die Haltung des Therapeuten, der Therapeutin deutlich aktiver als in der klassischen MBT, und die Familienarbeit zeichnet sich durch einen stärkeren systemischen Ansatz aus.

In jüngster Zeit wurde die Veränderungstheorie der MBT um das Konzept des epistemischen Vertrauens (Epistemic Trust) erweitert. Epistemisches Vertrauen bezeichnet die unbewusste Bereitschaft oder Fähigkeit eines Individuums, von einer anderen Person gesendete Signale und Informationen als vertrauenswürdig, generalisierbar und relevant für sich selbst einzuschätzen. Das Konzept des epistemischen Vertrauens stellt eine allgemeine Veränderungstheorie effektiver Psychotherapien dar. Es ist aus der Erkenntnis der Sprachphilosophie abgeleitet, dass kulturelle Übereinkünfte und soziale Regeln nicht einfach aus der Beobachtung erklärbar, sondern für den Betrachter oft undurchsichtig sind (Wilson u. Sperber, 2012). In unserer hochkomplexen Kultur muss jeder Mensch über die gesamte Lebensspanne fortwährend Verhaltensweisen lernen, um ein Teil der kulturellen Gemeinschaft zu werden und zu bleiben. Dabei sorgt die Integration von prozeduralen (Gebrauch) und semantischen Informationen (Symbolisierung) für eine Generalisierbarkeit dieses Wissens (Fonagy, Luyten u. Allison, 2015). Die interpersonelle Vermittlung von Informationen kann allerdings auch Fehlinformationen enthalten, sodass neben dem Vertrauen parallel eine epistemische Wachsamkeit (Epistemic Vigilance) entwickelt wird (Sperber et al., 2010). Für das individuelle Kalibrieren von epistemischem Vertrauen und epistemischer Wachsamkeit ist die Erfahrung sicherer Bindungsbeziehungen ausschlaggebend. In Interaktionen zwischen Kind und Bezugsperson stellen ostensive (hinweisende) Kommunikationsformen (z. B. Augenkontakt, Stimmlage) eine Basis für epistemisches Vertrauen dar und fördern die Entwicklung der Mentalisierungsfähigkeit. Unsichere und besonders desorganisierte Bindungsrepräsentationen können mit einem verstärkten epistemischen Misstrauen einhergehen, was ein Lernen aus sozialen Beziehungen erschwert, wie es etwa bei Persönlichkeitsstörungen und Störungen des Sozialverhaltens beobachtbar ist. Bei einem zu starken epistemischen Misstrauen (Epistemic Hypervigilance) werden Informationen von anderen (auch dem Therapeuten) übermäßig als nicht vertrauenswürdig oder irrelevant eingestuft.

In der Therapie werden drei Phasen unterschieden, die epistemisches Vertrauen reetablieren helfen (Fonagy, Luyten u. Allison, 2015; Kirsch, Brockmann u. Taubner, 2016):

1. Durch ein transparentes Mitteilen des Verständnisses des Therapeuten, wie er sich die Probleme des Patienten erklärt, wird eine erste Öffnung von epistemischem Vertrauen geschaffen.
2. Durch wiederholte Erfahrungen eines deutlichen empathischen Interesses an der Patientin und den Einsatz ostensiver Kommunikationsformen kann der Patient oder die Patientin zunehmend Informationen über sich und die Welt annehmen und entwickelt selbst wieder ein empathisches Verständnis.
3. Die neue Fähigkeit des epistemischen Vertrauens wird auf die soziale Umwelt jenseits der therapeutischen Beziehung hin verallgemeinert und löst positive Wechselwirkungen (Virtuos Circles) aus.

2 Die Adoleszenz

2.1 Zeitliche Eingrenzung

Die Adoleszenz beschreibt eine eigenständige Lebensphase zwischen Kindheit und Erwachsenenalter, die von Entwicklungspsychologen häufig in drei Phasen unterteilt wird: die frühe (10–13 Jahre), mittlere (14–17 Jahre) und späte (18–22 Jahre) Adoleszenz. Während der Anfang der Adoleszenz durch den Beginn der Pubertät relativ klar markiert ist, lässt sich das Ende nicht so einfach biologisch bestimmen. Die Angaben variieren daher zwischen 18 Jahren (als Ende der Schulzeit) bis hinein ins vierte Lebensjahrzehnt. Ein längeres Verweilen in der Adoleszenz wird als Folge der verlängerten Ausbildungszeiten oder soziokultureller Neuzuschreibungen des Erwachsenenbildes betrachtet, das mit einem sogenannten *Maturation Gap* in Verbindung steht, einer Lebensphase also, in der junge Menschen bereits sozial und kognitiv weit entwickelt sind und dennoch keine Verantwortung wie Erwachsene übernehmen müssen oder dürfen. Reine Altersangaben zur Bestimmung der aktuellen Entwicklungsphase sind zudem angesichts der großen individuellen Unterschiede und der kulturellen Vielfalt oft nicht sinnvoll. Aber auch innerhalb eines Individuums entwickeln sich nicht alle Lebensbereiche gleichzeitig, weshalb die moderne Entwicklungspsychologie von Pfadmodellen der verschiedenen, in der Regel nicht gleichmäßig verlaufenden Entwicklungslinien der sozial-emotionalen, kognitiven und körperlichen Entwicklung ausgeht. Eine Abgrenzung zwischen Adoleszenz und Erwachsenenalter erfolgt daher nicht über definierte Zeitpunkte, sondern über Rollenwechsel und Kriterien sozialer Reife, die beispielsweise über Entwicklungsaufgaben beschrieben werden können.

Manche vormals in der Adoleszenz verorteten Entwicklungsaufgaben, wie etwa eine zeitstabile Identität auszubilden, haben sich deutlich in das »Emerging Adulthood« (Arnett, 2015) verschoben, eine neue Entwicklungsphase zwischen Adoleszenz und Erwachsenenalter. Die Definition dieser neuen Lebensphase statt der Bezeichnung einer prolongierten oder Spätadoleszenz trägt den veränderten Sozialisationsbedingungen in den Industrienationen Rechnung und verhindert die Pathologisierung einer verlängerten beruflichen und identitären Suchbewegung (Staats u. Taubner, 2015). In Bezug auf die klinische Praxis und Bereitstellung von Hilfen für Jugendliche in Deutschland ist eine Richtlinienpsychotherapie von Kinder- und Jugendlichenpsychotherapeuten bis zum Alter von 21 Jahren möglich, während das Sozialgesetzbuch Leistungen der Jugendhilfe bis zum Alter von 26 Jahren ermöglicht.

2.2 Gehirnentwicklung in der Adoleszenz

In der Transition zwischen Kindheit und Erwachsenenwerden müssen Adoleszente körperliche, psychische und soziale Veränderungen integrieren. Diese Integrationsprozesse werden durch massive Umstrukturierungen des Gehirns begleitet, die erklären helfen, warum die Jugend ein ganz besonderer Zeitraum ist, während dessen vielfältige Möglichkeiten des Scheiterns, aber auch des Neubeginns möglich sind.

Die adoleszente Hirnentwicklung wird durch neuroendokrinologische Veränderungen in der Pubertät ausgelöst und zeichnet sich durch zwei Prozesse aus: Reifung und Spezialisierung. Reifung bedeutet einerseits, dass sich nicht genutzte Verbindungen zwischen Neuronen zurückbilden (»Pruning« der grauen Substanz des Gehirns), neue Verbindungen ausgebildet werden (»Proliferation« des gesamten Gehirns) und häufig genutzte Verbindungen durch äußere Isolierung schneller und effizienter werden (»Myelinisierung« der weißen Substanz, Spezialisierung). Das maximale Hirnvolumen wird bei Mädchen mit 11,5 Jahren und bei Jungen mit 14,5 Jahren erreicht (Shaw et al., 2006). Durch das gleichzeitige Austrimmen alter und Aufbauen neuer grauer Substanz wird diese Entwicklung als ein konstantes »Ziehen und Drücken« bezeichnet, welches der tatsächlichen Nutzung im Sinne eines »Use it or lose it!« folgt. Daher ist die Hirnveränderung in der Adoleszenz stark durch Umwelteinflüsse bedingt und stellt ein kritisches Zeitfenster sowohl für positive als auch negative Entwicklungen dar.

Hinzu kommt die Tatsache, dass nicht alle Hirnregionen gleichzeitig reifen, sondern innere Zentren schneller reifen als äußere und untere Zentren schneller als oben liegende (Mutlu et al., 2013). Das hat zur Folge, dass die eher steuernden Hirnfunktionen zeitweise den eher exzitatorisch-stimulierenden Funktionen unterworfen werden. Mit der Metapher eines Autos verglichen, bedeutet dies, dass es sich um einen Wagen mit einem 220-PS-Motor handelt, der von einem Fahrer ohne Führerschein gelenkt wird. Das in der Adoleszenz besonders ausgeprägte Risikoverhalten wird mit diesem Ungleichgewicht limbischer (emotionaler) und kortikaler (steuernder) Hirnfunktionen in Verbindung gebracht (Casey, Jones u. Hare, 2008). Dies erschwert einerseits einen Belohnungsaufschub und andererseits das vorausschauende Planen, besonders unter Peereinfluss (Steinberg, 2008). Letzteres liegt auch darin begründet, dass Adoleszente stärker als alle anderen Altersgruppen hypersensitiv und sehr ängstlich auf einen sozialen Ausschluss reagieren und dann eher bereit sind, Risikoverhalten zu zeigen, um nicht aus der Gruppe ausgeschlossen zu werden.

In diesem Zeitfenster findet auch eine Umstrukturierung des sozialen Verständnisses statt: Zum einen wird die Perspektivenübernahme komplexer, das heißt, Jugendliche können sich in verschiedene und auch gruppenbezogene Haltungen hineinversetzen und daraus schlussfolgern. Zum anderen nutzen Adoleszente für ihr soziales Verständnis andere Hirnareale als Kinder und Erwachsene. Dies kann im Zusammenhang mit der Umstrukturierung und Maturierung mit einer verlangsamten Perspektivenübernahme in Verbindung gebracht werden. Auf die Frage, ob es sinnvoll sei, mit Haien schwimmen zu gehen, antworten Erwachsene sehr schnell mit Nein, während Jugendliche zeitlich deutlich länger brauchen, um schließlich zur selben Lösung zu kommen (Baird, Fugelsang u. Bennett, 2005).

3 Entwicklung der Mentalisierungsfähigkeit

Die entwicklungspsychologischen Grundlagen des Mentalisierungskonzepts sind eng verbunden mit den Erkenntnissen über Bindungsmuster und deren Bedeutung für die menschliche Entwicklung (Bowlby, 1969, 1973). Darüber hinaus werden das Gelingen der frühen Affektregulation zwischen Fürsorgeperson und Säugling sowie die Moderation des kindlichen Spiels zwischen Als-ob und Realität als Meilensteine in der Entwicklung der Mentalisierung angesehen (Fonagy et al., 2002). Empirische Belege für diese Meilensteine liegen aus der experimentellen Säuglings- und Kleinkindforschung, der Bindungsforschung sowie aus entwicklungspsychopathologischen und longitudinalen Studien vor (vgl. hier ausführlich Taubner, 2015; Taubner u. Wolter, 2016).

Die Mentalisierungstheorie geht im Besonderen auf das Wechselspiel der Entwicklung des Selbst und des damit verbundenen psychischen Erlebens ein. Dabei wird der Begriff des Selbst enger gefasst als in anderen psychoanalytischen Theorien, im Sinne eines subjektiven Verarbeitens sozialer Realität und Urheberschaft. In dieser Entwicklungslinie wird von einer phasentypischen Veränderung der subjektiven Selbsturheberschaft vom teleologischen, psychisch-äquivalenten, Als-ob bis hin zum mentalisierenden Denkmodus ausgegangen (Fonagy et al., 2002). Vergleichbar mit Sterns (2000) Beschreibungen zum subjektiven Erleben des Selbst und Anderer beim Säugling und Kleinkind bleiben frühe Formen von Selbsturheberschaft und des sozialen Verständnisses auch beim Erreichen neuer Stufen bestehen und können das psychische Erleben besonders unter hoher affektiver Anspannung dominieren.

3.1 Bindung, Feinfühligkeit und Mentalisierung

Bindung lässt sich als ein grundlegendes menschliches Verhaltenssystem beschreiben, das bei Stresserfahrungen, Trennungen und allgemeiner Gefahr aktiviert wird und – evolutionsbiologisch verankert – das Überleben eines Individuums »von der Wiege bis zum Grab« sichern soll (Bowlby, 1969). Aus der Perspektive des Mentalisierungskonzepts wird Bindung nicht nur als angeborenes Verhaltenssystem betrachtet, sondern dient als Rahmen der Entwicklung eines inneren Repräsentationssystems, welches für die Entwicklung des Selbst, für die Regulierung von Affekten sowie für das Gelingen von sozialen Beziehungen wesentlich ist (Taubner, 2008; Polan u. Hofer, 2008). Die Bindungsstrategien eines Kindes können also Hinweise auf die Qualität der Aufmerksamkeit geben, die dessen Fürsorgeperson seinen mentalen Zuständen gewidmet hat (Fonagy, Luyten u. Bateman, 2015). Von der Fähigkeit der Fürsorgeperson zur Selbstreflexion und Feinfühligkeit hängt es ab, ob sich das Kind als Person mit Absichten, Gefühlen und Wünschen erleben kann. Diese Fähigkeit wird durch elterliche Fantasien, die sich auf das Kind beziehen, sowie durch Belastungen und Stress beeinflusst. Ärger, Sorgen (z. B. Partnerschaftsprobleme oder prekäre Lebenslagen) stellen eine Art Filter dar, der die Wahrnehmung und Interpretation kindlicher Signale verzerren kann. Die Kompetenz der Selbstreflexion und insbesondere die mütterliche Feinfühligkeit wird als Resilienzfaktor angesehen, der die transgenerationelle Weitergabe von unsicherer Bindung zum Beispiel durch die Art und Häufigkeit der Erwähnung innerer Befindlichkeiten verhindern kann (van IJzendoorn, 1995). Mittlerweile konnten mehrere Studien nachweisen, dass die mütterliche Mentalisierung als Prädiktor für die Bindungssicherheit ihrer Kinder gelten kann (Slade, Grienenberger, Bernbach, Levy u. Locker, 2005).

Darüber hinaus wird eine sichere Bindung zwischen Fürsorgepersonen und Kindern als bedeutsamer Schutzfaktor in der Entwicklung eines Kindes angesehen (Waters, Merrick, Treboux, Crowell u. Albersheim, 2000). Es gibt empirische Hinweise, dass Bindungsprozesse sehr eng mit der Entwicklung spezifischer psychologischer Funktionen zusammenhängen, die für die Organisation eines angemessenen Verhaltens entscheidend sind. Sichere Bindung kann als der Erwerb von Regulierungsmechanismen für unerträgliche oder schwierige Erregungszustände verstanden werden und setzt voraus, dass das Kind die dazu nötigen Informationen am besten erwerben und adäquat repräsentieren kann, wenn ihm sein eigener Affektzustand exakt, aber nicht überwältigend gespiegelt wird. Unsichere Bindung gilt dann als die Identifikation mit der Abwehr der Betreuungsperson, die mit einem geringeren Gewahrsein der eigenen mentalen Zustände verbunden ist: »Die Nähe zur Bezugsperson wird auf Kosten der Einschränkung der reflexiven Funktion aufrechterhalten« (Fonagy, 2003, S. 173).

3.2 Bindung und Mentalisierung in der Adoleszenz

In der Adoleszenz gewinnen gleichzeitig mit der Ablösung von den primären Bezugspersonen Beziehungen zu Gleichaltrigen (Peers) immer größere Bedeutung. In diesem Zusammenhang werden kindliche personenspezifische Bindungsmuster reorganisiert und vermutlich in eine abstraktere, übergeordnete Bindungsrepräsentation integriert (Taubner, Schroeder, Zimmerman u. Nolte, im Druck). Die Qualität der Peerbeziehungen wird durch die Bindungsrepräsentationen zu den primären Bezugspersonen deutlich beeinflusst (Bowlby, 1969; Larose u. Bernier, 2001; Spangler u. Zimmermann, 1999).

In der Adoleszenz wird die Fähigkeit entwickelt, abstrahierter und elaborierter zu mentalisieren (Fonagy et al., 2002). Anstelle von simplen Basisemotionen können nun auch komplexere Emotionen wie Eifersucht und Missgunst attribuiert werden. Ein weiterer adoleszenter Entwicklungsschritt (Fonagy et al., 2002) besteht in der Fähigkeit zur Reflexion eigener Gefühle in Beziehungen, nicht nur in situationsspezifischen konkreten Aspekten, sondern auch in abstrakteren Kategorien.

Im Falle einer normal verlaufenden Adoleszenz können Jugendliche in der mittleren Adoleszenz (15–18 Jahre) das gleiche Mentalisierungsniveau (gemessen mit dem Adult-Attachment-Interview, AAI) wie gesunde Erwachsene erreichen (Cropp, Alexandrowicz u. Taubner, im Review). Das Ergebnis ergänzt die aktuelle Adoleszenzforschung, die zeigen kann, dass Adoleszente lebensphasentypische Konflikte unter Beibehaltung der Beziehung zu den Eltern lösen und auch in der Adoleszenz die Bindung zu den Eltern höchst bedeutsam bleibt. Dabei nutzen gesunde Adoleszente kulturübergreifend aktiv-hilfesuchende und internal-reflexive Copingstrategien (Persike u. Seiffge-Krenke, 2016).

Der Mentalisierungsfähigkeit wird im Sinne eines bedeutsamen Resilienzfaktors zur Bewältigung adoleszenter Entwicklungsaufgaben eine zentrale Rolle zugewiesen (Fonagy et al., 2002). Bislang liegen jedoch nur wenige Studien vor, die Mentalisierung in der Adoleszenz untersuchen. Zusammenfassend konnte bisher gefunden werden, dass ein geschlechtsmoderierter Zusammenhang zwischen der Mentalisierung und der Sprachentwicklung (Rutherford et al., 2012), dem verbalen IQ sowie dem Migrationsstatus (Cropp et al., im Review) in der Adoleszenz besteht. Darüber hinaus konnte eine empirische Studie mit 79 gesunden Adoleszenten einen Zusammenhang zwischen elterlicher Vernachlässigung und unsicherer Bindungsrepräsentation bei Jugendlichen feststellen (Borelli, Compare, Snavely u. Decio, 2014). In einer israelischen Studie an 105 gesunden und intakten Eltern-Kind-Triaden zeigte sich, dass insbesondere die väterliche Mentalisierung einen positiven Einfluss auf die Entwicklung adoleszenter Kinder im Sinne größerer sozialer Kompetenz hatte. Darüber hinaus hing die Kombination von kontrollierendem väterlichem Verhalten und geringen väterlichen Mentalisierungsfähigkeiten mit externalisierenden Problemen der Adoleszenten zusammen (Benbassat u. Priel, 2012).

Bei aller individueller Varianz wird von einem optimalen Timing der Lösung von den Eltern und des Eingehens von Peerbeziehungen sowie von negativen Auswirkungen zu früher oder zu später Ablösungsprozesse im Hinblick auf die Affektregulation ausgegangen. Das zu frühe Ersetzen der primären Bezugspersonen durch Peers wird als Risiko für externalisierende Symptome angesehen (Dishion, Nelson u. Bullock, 2004; Goldstein, Davis-Kean u. Eccles, 2005). Dies könnte damit zusammenhängen, dass Adoleszente ihre Eltern besonders in dieser Lebensphase brauchen, um ihre Anfälligkeit für riskantes Verhalten, besonders in Gegenwart von Peers, zu balancieren (Kobak, Rosenthal, Zajac u. Madsen, 2007), und dies scheint besonders von der Qualität der Beziehung zum Vater abzuhängen (Gallarin u. Alonso-Arbiol, 2012). Damit wären Eltern Bindungsfiguren in Reserve, die sich dann einschalten, wenn der oder die Adoleszente tatsächlich in Not ist (Weiss, 1991). Das zu lange Verweilen bei den Eltern im Sinne einer verzögerten Ablösung wird im Kontrast dazu mit internalisierenden Schwierigkeiten in Verbindung gebracht. Besonders die Bindungsqualität zum Vater spielt für das Gelingen der Ablösung eine große Rolle. So konnte eine niedrige Bindungsqualität zum Vater in der frühen und mittleren Adoleszenz mit generalisierten Angstsymptomen in Verbindung gebracht werden (van Eijck, Branje, Hale III u. Meeus, 2012).

4 Störungen der Mentalisierungsentwicklung in der Adoleszenz

Systematische Einschränkungen oder Verzerrungen der Mentalisierungsfähigkeit werden ontologisch mit dysfunktionalen oder traumatischen frühen Bindungserfahrungen in Verbindung gebracht. Im folgenden Abschnitt wird der derzeitige Stand des Wissens im Hinblick auf Mentalisierung und Entwicklungsstörungen in der Adoleszenz zusammengeführt, insbesondere mit Fokus auf die Störung des Sozialverhaltens, für die die MBT-A aktuell adaptiert wurde (Taubner, Rossouw et al., 2016), sowie der BPS in der Adoleszenz, für die sich die MBT-A besonders eignet (Rossouw u. Fonagy, 2012).

Fonagy und Kollegen (2002) haben sich zunächst auf der Grundlage klinischer Studien zum Schicksal der Mentalisierung in der Adoleszenz geäußert und sehen den Anstieg psychopathologischer Erkrankungen in dieser Lebensphase eng mit der Mentalisierungsfähigkeit verbunden, wobei sie den Ursprung von Mentalisierungsdefiziten auf Fehlabstimmungen und missbräuchliche Erfahrungen in den frühen Bindungsbeziehungen zurückführen. Darüber hinaus vermuten sie, dass die Anforderungen der Adoleszenz im Sinne der Loslösung von affektiv hochbesetzten elterlichen Beziehungen hin zu Peer- und romantischen Beziehungen mit einem Rückzug von Mentalisierung oder einer Hypermentalisierung einhergehen könnten. Der traumatisierende Einfluss von Peerbeziehungen stellt eine weitere potenzielle Risikobelastung dar, die in der aktuellen Forschung noch zu wenig Berücksichtigung findet.

Klinische Studien verweisen auf signifikant niedrigere Mentalisierungsfähigkeiten bei psychopathologisch belasteten Adoleszenten, zumindest in Bezug auf externalisierende Störungen (Taubner,

Wiswede, Nolte u. Roth, 2010), und auf die Funktion von Mentalisierung als Schutzfaktor, der psychopathologische Auffälligkeiten im Zusammenhang mit frühen traumatischen Erfahrungen abzuschwächen scheint (Taubner u. Curth, 2013; Taubner, Zimmermann, Ramberg u. Schroeder, 2016). Zudem konnte gezeigt werden, dass Mentalisierung den Zusammenhang zwischen Psychopathie und proaktiv aggressivem Verhalten moderiert, das heißt dass Adoleszente mit psychopathischen Traits nur dann proaktiv aggressiv handeln, wenn sie niedrige Mentalisierungsfähigkeiten aufweisen (Taubner, White, Zimmermann, Fonagy u. Nolte, 2013).

4.1 Adoleszenzkrise oder Persönlichkeitsstörung?

Die Adoleszenzkrise, auch Reifungskrise, adoleszente Identitäts- oder adoleszente Entwicklungskrise genannt, stellt die wichtigste Differenzialdiagnose einer Persönlichkeitsstörung im Jugendalter dar. Die Begriffe werden synonym für eine kritische Phase der Entwicklung und für eine Reihe von Störungsmustern verwendet. Nach derzeitigem Verständnis treten diese Muster, im Gegensatz zur Persönlichkeitsstörung, plötzlich auf, zeigen eine dramatisch verlaufende Symptomatik, auf die dann aber in der Regel eine völlige Normalisierung des Verhaltens folgt (Remschmidt, 1992). Adoleszenzkrisen können sich als Störung der Sexualentwicklung, Autoritäts-, Identitätskrisen, narzisstische Krisen, aber auch als Depersonalisations- und Derealisationserscheinungen äußern und sind als Überspitzung normaler adoleszenter Entwicklungsvorgänge zu erklären (Herpertz-Dahlmann, Resch, Schulte-Markwort u. Warnke, 2008). Die Adoleszenzkrise wird durch ein überraschendes Ereignis oder einen Konflikt hervorgerufen und entsteht, wenn sich die Person auf dem Weg zur Erreichung wichtiger Lebensziele oder bei der Alltagsbewältigung Hindernissen gegenübersieht, die nicht mit den zur Verfügung stehenden Problemlösungsmethoden bewältigt werden können. Dabei kommt es zu einer plötzlichen oder fortschreitenden Verengung der Wahrnehmung, der

Wertesysteme sowie der Handlungs- und Problemlösungsfähigkeit und bisherige Erfahrungen, Normen, Ziele und Werte werden infrage gestellt. Diese Krise hindert den Jugendlichen, seine alterstypischen und situationsgemäßen Lebensvollzüge zu bewältigen (Du Bois u. Resch, 2005).

Die wenigen Forschungsergebnisse legen dar, dass ein höherer Prozentsatz an Jugendlichen, die in der frühen Adoleszenz große Auffälligkeiten zeigen, im frühen Erwachsenenalter unauffällig ist (Hofstra, van der Ende u. Verhulst, 2002). Vor dem Hintergrund der zum Teil krisenhaften Umstrukturierung im Jugendalter ist es klinisch und prognostisch wichtig, die Differenzialdiagnosen Adoleszenzkrise versus Persönlichkeitsstörung zu unterscheiden und damit der dynamischen Betrachtung einer zeitlich begrenzten Entwicklungsproblematik gerecht zu werden (Schmid, Schmeck u. Petermann, 2008). Nachdem die Vergabe der Diagnose einer Persönlichkeitsstörung im Jugendalter lange Zeit umstritten war, spricht mittlerweile eine Reihe von empirischen Befunden für eine valide Diagnose einer Persönlichkeitsstörung in der Adoleszenz (Kaess, Brunner u. Chanen, 2014; Chanen u. McCutcheon, 2008). Dies ist insbesondere für frühe Interventionen bedeutsam, die zum Beispiel auf die Behandlung einer BPS fokussieren und damit wirksam der Entstehung bzw. Fortdauer einer Persönlichkeitsstörung im Erwachsenenalter vorbeugen bzw. diese unterbrechen können (Chanen u. McCutcheon, 2013). Ein mögliches Unterscheidungskriterium zwischen der Adoleszenzkrise und einer Persönlichkeitsstörung im Jugendalter kann die Ausprägung der Verringerung der Mentalisierungsfähigkeit sein. Dem wird im neuen DSM-5-Hybridmodell für Persönlichkeitsstörungen Rechnung getragen, das im Rahmen der »Level of Personality Functioning Scale« (LPFS) mäßige bis erhebliche Beeinträchtigungen der Funktionsfähigkeit der Persönlichkeit in Bezug auf selbstbezogene und zwischenmenschliche Fähigkeiten erfasst.

4.2 Zusammenbruch der Mentalisierung und das »fremde Selbst«

Vor dem Hintergrund einer dynamischen Konzeption der Mentalisierungsfähigkeit, die in Abhängigkeit von personalen und affektiven Bedingungen in einem unterschiedlichen Ausmaß zur Verfügung steht (Fonagy u. Luyten, 2009), wird aufgrund der Entwicklungsanforderungen davon ausgegangen, dass Adoleszente besonders anfällig sind, bereits bei geringerem Stress ihre Mentalisierungsfähigkeit zu verlieren. Dann kann es passieren, dass sie sich selbst und andere nicht mehr verstehen können und andere als entwertend, verletzend und demütigend erleben. Dieses Erleben kann in der Folge ein agierendes Verhalten auslösen, welches das Gegenüber kontrollieren oder eine Flucht von diesem Erleben ermöglichen soll.

Fonagy und Kollegen (2002) haben die klinische Theorie des »fremden Selbst« (Alien Self) nach Winnicott (1956) weiter ausgearbeitet, die besonders für die therapeutische Arbeit mit Adoleszenten bedeutsam erscheint. Winnicott ging davon aus, dass ein Kind kein kohärentes authentisches Selbstgefühl entwickeln kann, wenn es nicht adäquat von seiner frühen sozialen Umwelt gespiegelt wird. Fonagy und Kollegen (2002) haben diese Ideen in die soziale Bio-Feedback-Theorie integriert. Ein Alien Self entsteht demnach aus der wiederholten und überwiegenden Erfahrung, dass Fürsorgepersonen von negativen Affekten überwältigt werden und dem Säugling ein fehlerbehaftetes soziales Feedback geben. Das Kind verinnerlicht dann eine nicht kongruente fremde Repräsentanz seines Selbst, wie zum Beispiel »Ich bin unerträglich« oder »Ich bin hässlich« (vgl. Abbildung 1). Diese Repräsentation des Selbst bleibt fremd, da sie keine Verbindung zum körperlichen Selbst aufweist (Fonagy et al., 2010). Hierbei gehen die Autoren jedoch davon aus, dass frühe Spiegelungsprozesse nie zu 100 Prozent gelingen können, was gleichbedeutend damit ist, dass Lücken im Selbsterleben und subjektive Gefühle von Inkohärenz konstitutiv für das Menschsein sind. Diese blinden Flecken oder Lücken im Selbst können normalerweise durch Mentalisierung geschlossen werden, sodass subjektive Identität und Kohärenz illusionär hergestellt werden können. In den Momenten, in denen starke Affekte die Mentalisierungsfähigkeit schwächen (z. B. im Streit mit einem Freund), ist der negative Affekt Teil des unangenehmen Erlebens, aber den größten Teil des schwer Erträglichen bildet laut Bateman und Fonagy (2016) das Erleben von subjektiver Inkohärenz. Eine erfolgreiche Art der Bewältigung einer drohenden Selbstfragmentierung ist die Externalisierung von unerwünschten Selbstanteilen. In der psychodynamischen Therapie wird dies mit dem Begriff der *projektiven Identifikation* bezeichnet. Die Projektion unerwünschter Selbstanteile ist dann erfolgreich, wenn sich das Gegenüber tatsächlich mit den externalisierten Selbstanteilen identifiziert und sich beispielsweise hässlich und ungeliebt fühlt.

Das Konzept des Alien Self unterscheidet sich von der Vorstellung der Übertragungsfokussierten Psychotherapie von nicht integrierten positiven und negativen Selbst- und Objektrepräsentationen als zentralem Merkmal der BPS (Kernberg, Krischer u. Foelsch, 2008). Während das Ziel einer übertragungsfokussierten Therapie darin bestehen würde, die gespaltenen Repräsentanzen als Teil der eigenen Repräsentanzenwelt zu integrieren, wäre es nach dem Konzept des Alien Self bedeutsam, nicht integrierbare Selbstanteile als dem Selbst *nicht* zugehörig zu erkennen, damit diese nicht mehr externalisiert werden müssen.

Bei Patientinnen und Patienten mit frühen aversiven Erfahrungen (Missbrauch, Misshandlung, Vernachlässigung) kann es vorkommen, dass mentale Zustände des aversiven Elternteils als Teil des Alien Self verinnerlicht wurden. Damit enthält das Selbst verfolgende und feindselige Anteile, die das Selbst von innen angreifen oder quälen, wenn sie nicht externalisiert werden können. In Bezug auf diese Prozesse geht es dann nicht um temporäre Gefühle der Inkohärenz, sondern subjektiv um Leben oder Tod. Die Notwendigkeit, andere permanent als Vehikel für unerträglich verfolgende Selbstanteile zu nutzen, gibt den Betroffenen wenig Spielraum in ihren Beziehungen. Steht keine Person als Empfänger dieser Selbstanteile zur Verfügung, so sind dies die Momente, in denen keine positiven Selbstanteile mehr verfügbar sind. Es herrscht das Erleben von massivem Selbsthass und Wut auf andere vor, das zu selbst- oder fremdverletzendem Verhalten führen kann als ein Versuch der Wiederherstellung der Selbstkohärenz (Taubner, Sevecke u. Rossouw, 2015). Dies ist bei Patienten mit BPS typisch, aber ebenfalls sehr prononciert bei Patienten mit einer Störung des Sozialverhaltens (SSV). Letztere nutzen bedrohliches und entwertendes Verhalten dazu, dass andere sich hilflos, überwältigt, beschämt und schwach fühlen. Wehrt sich die andere Person gegen diese Manipulation, so kann dies gewalttätiges Verhalten auslösen, um weiter die Kontrolle über den anderen und damit das externalisierte Alien Self zu bewahren (Taubner, Rabung, Bateman u. Fonagy, im Druck).

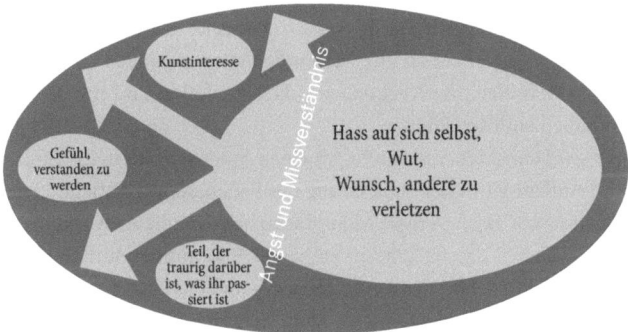

Abbildung 1: Das fremde Selbst (Alien Self)

4.3 Prämentalisierende Denkmodi

In der klinischen Arbeit sind es die drei prämentalisierenden Denkmodi – teleologisch, psychisch-äquivalent und Pseudomentalisieren –, die besonders von Patientinnen und Patienten mit Persönlichkeitsstörungen schnell und in vielen Lebenssituationen eingenommen werden, welche die therapeutische Kommunikationen erheblich erschweren können (Bateman, 2014).

Teleologisches Denken bezieht sich auf einen Geisteszustand, bei dem die Patienten sich fast nur auf konkrete Fakten verlassen und auf konkreten Verhaltensbeweisen beharren. Zum Beispiel wird sich ein Patient im teleologischen Denkmodus sehr sicher sein, dass er von seinem Therapeuten nicht gemocht wird, wenn dieser sich zur Stunde verspätet. Das wäre aus Patientensicht nicht passiert, wenn der Therapeut ihn mögen würde. In ähnlicher Weise können Selbstverletzungen als konkrete Manifestation innerer Zustände verstanden werden, die sprachlich nicht mehr symbolisiert werden können.

Andere Adoleszente behandeln Gedanken, Gefühle und Erinnerungen nicht als mentale Inhalte, sondern als reale Fakten, was mit dem Begriff der *psychischen Äquivalenz* bezeichnet wird (Bateman u. Fonagy, 2004). Dieser Denkmodus steht im Zusammenhang mit einer Unfähigkeit, alternative Sichtweisen in Betracht zu ziehen. Daher ist diese Art des Denkens häufig verbunden mit paranoiden und ängstlichen Gefühlen, die Affektstürme, Dysregulation und impulsives Verhalten auslösen können.

Pseudomentalisieren beschreibt einen Modus, bei dem die Innen- und Außenwelt in der Schilderung des Patienten, der Patientin wie abgetrennt wirken. Verbale Äußerungen haben keine Auswirkungen auf das Leben bzw. es kommt zu keiner Erkenntnis. Zum Pseudomentalisieren gehören etwa das intrusive und das überaktive Mentalisieren. *Intrusives Mentalisieren* kann sich unter anderem darin zeigen, dass Personen unangemessene und unbegründete Annahmen über mentale Zustände anderer äußern und sich darüber meist sehr sicher sind. *Überaktives Mentalisieren* zeichnet sich durch eine exzessive Anstrengung aus, herauszufinden, was andere Personen denken oder fühlen, ohne tatsächlich eine Verbindung zum wahren Befinden der Person zu haben. Erklärungen wirken häufig durcheinander und obskur. Beim Pseudomentalisieren kann sich das Gegenüber beim Zuhören gelangweilt und unbeteiligt fühlen und dazu neigen, es einfach »über sich ergehen« zu lassen.

TEIL II
Mentalisierungsbasierte Therapie für Adoleszente (MBT-A)

Unabhängig von der kategorialen Diagnosestellung kann eine Indikation für MBT dann gestellt werden, wenn ein Patient, eine Patientin Schwierigkeiten im Bereich der Affektregulation aufweist, die mit Mentalisierungsproblemen in Verbindung gebracht werden können (Fonagy u. Luyten, 2009). Auch ein niedriges Funktionsniveau der Persönlichkeit stellt eine Indikation für MBT dar. Nach Bales (2016) ist ein gestuftes Vorgehen (Clinical Staging) sinnvoll: Im Falle einer Krise kann eine Kurzzeittherapie ausreichend sein. Bestehen jedoch diagnostische Hinweise für eine BPS, kann eine längere MBT-A (auch teilstationär) indiziert sein.

5 Ablauf der MBT-A

Die Behandlung besteht aus einer Kombination von Einzel- und Familiensitzungen. Die wöchentliche Frequenz variiert in Abhängigkeit vom jeweiligen Therapierahmen: In ambulanten Settings werden die Einzelsitzungen zumeist einmal die Woche und die Familiensitzungen einmal im Monat durchgeführt; in stationären Settings werden oftmals Einzel- und Gruppensitzungen zweimal pro Woche sowie wöchentliche Familiensitzungen abgehalten. Die Behandlung ist in vier Phasen unterteilt, die jeweils eigene Zielformulierungen enthalten (siehe Tabelle 1). Nach der Diagnostikphase erhält jeder Patient eine schriftliche Fokusformulierung, die zusätzlich einen Krisenplan für die Familie und den Patienten beinhaltet. Daran anschließend findet eine Psychoedukation (MBT-AI, siehe unten) statt. In der Folge wird an dem Kernziel der MBT-A gearbeitet, die Mentalisierungsfähigkeit in Situationen mit starker Affektivität zu verbessern, etwa bei Gefühlen von Zurückweisung und Konflikten in Bindungsbeziehungen und besonders in Situationen, in denen das Problemverhalten auftritt (aggressives oder selbstverletzendes Verhalten, Suchtverhalten u. a.).

In der Eingangsphase der Therapie geht es zunächst um eine Stabilisierung und Eingrenzung agierenden Verhaltens. In der mittleren Phase der MBT-A wird aktiv an einer Verbesserung der Mentalisierungsfähigkeit gearbeitet. Dazu wird unter anderem sorgsam auf nicht mentalisierende Prozesse während der Sitzungen geachtet. Die Sitzungen sind generell nicht vorstrukturiert, sondern fokussieren auf die aktuellen interpersonalen Erfahrungen der Patientinnen und Patienten. Das Ziel der Familiensitzungen besteht darin, die Mentalisierungsfähigkeit des Familiensystems, besonders in Bezug auf familiäre Konflikte, zu steigern.

In der finalen Phase des Abschieds werden wie in psychodynamischen Therapien üblich Themen von Trennung und Abschied sowie weitere Bewältigungsstrategien und Herausforderungen mentalisierend besprochen. Dies sollte mindestens drei Monate vor Abschluss der Therapie erfolgen und beinhaltet die Entwicklung eines individuellen Follow-up, beispielsweise zunächst 14-tägige kurze Sitzungen, deren Frequenz dann weiter ausgedünnt werden kann.

Tabelle 1: Ablauf der MBT-A mit den vier Phasen, dazugehörigen Zielen und spezifischen Prozessen

	Phase	Ziele	Spezifische Prozesse
1	Diagnostik und Fokusformulierung	Beurteilung der Mentalisierung und Gesamtpersönlichkeit Patienten für die Behandlung gewinnen	Diagnosestellung Hierarchie therapeutischer Ziele Stabilisierung von Verhaltensproblemen und sozialen Schwierigkeiten Überprüfung, Medikation und Krisenplan Schriftliche Fokusformulierung
2	Psychoedukation (MBT-AI)	Stärkung des therapeutischen Arbeitsbündnisses Transparenz über das therapeutische Vorgehen	Mentalisierungskonzept erarbeiten
3	Einzel- und Familiensitzungen (MBT-A und MBT-F)	Verbesserung der Mentalisierungsfähigkeit	Arbeit an interpersonalen Problemen mit dem Ziel, konstruktive und intime Beziehungen führen zu können, durch Interventionen, die mit empathischer Validierung beginnen Kontinuierliche Weiterentwicklung der Fokusformulierung
4	Abschied	Abschluss	Drei Monate vor Therapieende Bearbeitung und Vorbereitung der Trennung Entwicklung eines Follow-up-Programms Follow-up-Sitzungen (als Booster)

6 Diagnostikphase der MBT-A

6.1 Allgemeine Charakteristika

Die Diagnostikphase dient dem Kennenlernen des Jugendlichen, der Einschätzung seiner Mentalisierungsfähigkeit und Gesamtpersönlichkeit sowie der Abklärung der Diagnose und weiterer Komorbiditäten. Im Sinne der Transparenz der Behandlung wird empfohlen, etwaige Fremdanamnesen im Beisein der oder des Jugendlichen durchzuführen, damit kein Geheimwissen zwischen Therapeut und den anderen Erwachsenen entsteht. Hier besteht auch die Chance, dass der oder die Jugendliche selbst Fragen stellen kann und so bereits in der Einleitungsphase seine/ihre Rolle als Ko-Therapeut/-in ausfüllen kann. Die Diagnostikphase besteht aus fünf bis acht Sitzungen und schließt mit einer schriftlichen Fokusformulierung an den Patienten/die Patientin und die Familie. In diesem Brief werden die Befunde aus der Diagnostikphase zusammengefasst, der Eindruck des Untersuchers dargestellt und die vereinbarten Therapieziele und Wege dorthin erläutert sowie ein Krisenplan erstellt. Der oder die Adoleszente und die Familie werden aktiv in die Fertigstellung der Fokusformulierung eingebunden und können somit ihre eigene Sicht darstellen. Gleichzeitig ist die Form der Fokusformulierung bereits eine Mentalisierungsübung, da auf das mentale Erleben zentral eingegangen wird.

Da die Jugendlichen oftmals bereits eine Behandlungsgeschichte hinter sich haben, ist eine Überprüfung des Status parallel laufender oder abgeschlossener Behandlungsangebote wichtig. Darüber hinaus sollte hier eine Erhebung der aktuellen Medikation durchgeführt werden und eine genaue Prüfung des Helfersystems, damit Synergien zwischen Therapie und anderen Helfern möglich werden.

6.2 Mentalisierungsdiagnostik

Die Diagnostik der Mentalisierungsfähigkeiten vertieft das Verständnis des Therapeuten oder der Therapeutin, auf welche prämentalisierenden Denkstile ein Patient oder eine Patientin unter Stress rekurriert. Sie fokussiert dabei folgende übergeordnete Ziele und Fragestellungen:
1. Welches sind die wichtigen Beziehungen und welche Verbindung haben sie zu den zentralen Problemen des Patienten oder der Patientin?
2. Wie ist die Qualität der Mentalisierung in diesen Beziehungskontexten?
3. Wann versagt die Mentalisierung?
4. Ist Mentalisieren partiell oder generell eingeschränkt?
5. Welche prämentalisierenden Modi sind vorherrschend (Pseudomentalisieren, konkretes oder teleologisches Verstehen)?
6. Gibt es einen Missbrauch von Mentalisieren im Sinne der Manipulation anderer?

Für die Diagnostik von Mentalisierung liegen verschiedene Instrumente vor (vgl. den Überblick von Luyten, Fonagy, Lowyck u. Vermote, 2012). Es lassen sich dabei Narrativ-Interview- oder Performance-basierte, objektiv-computergestützte und Selbstbericht-Methoden unterscheiden. Ausführlichere Informationen dazu können bei Bateman und Fonagy (2016) und Taubner, Fonagy und Bateman (im Druck) gefunden werden. An dieser Stelle kann nur eine Vorgehensweise genauer vorgestellt werden: die klinische Einschätzung von Mentalisierungspolen.

6.2.1 Mentalisierungsprofile
Eine Profilbildung ermöglicht eine Verortung von Patienten anhand der verschiedenen Mentalisierungspole. Um ein solches Profil zu verfassen, sollten kompensatorische und sich gegenseitig verstärkende Beziehungen zwischen den einzelnen Polaritäten berücksichtigt werden – speziell bei ausgeprägten Diskrepanzen sowohl innerhalb als auch zwischen den jeweiligen Dimensionen. Der MBT-Therapeut,

die MBT-Therapeutin achtet daher im Verlauf des Therapieprozesses darauf, welche Muster im Sinne von Rigiditäten auftreten. Für eine präzisere Erfassung der einzelnen Aspekte von Mentalisierung besonders im klinischen Gebrauch des Mentalisierungskonzepts schlagen Luyten und Kollegen (Bateman u. Fonagy, 2012) vier Dimensionen von Mentalisierung vor, die sich entlang der folgenden Polarisierungen erstrecken:
1. automatisch (implizit) vs. kontrolliert (explizit);
2. internal fokussiert vs. external fokussiert;
3. selbstorientiert (Selbst) vs. fremdorientiert (Andere);
4. kognitiv vs. affektiv.

In einer normalen Entwicklung von Mentalisierung wird von einer Ausgeglichenheit der Aktivierung der verschiedenen Pole ausgegangen (Taubner, Nolte, Luyten u. Fonagy, 2010). Abbildung 2 stellt prototypische Mentalisierungsprofile für Patienten mit einer Störung des Sozialverhaltens (SSV) und antisozialer Persönlichkeitsstörung (ASPS) dar. Es bestehen einige Ähnlichkeiten zwischen SVV und ASPS in Bezug auf sehr niedrig bzw. niedrig ausgeprägte Fähigkeiten auf den Polen internal, selbstorientiert, affektiv und automatisch. Es bestehen aber auch einige Unterschiede, zum Beispiel in Bezug auf die Pole external (SSV = niedrig; ASPS = sehr hoch) oder kognitiv (SSV = durchschnittlich; ASPS = hoch).

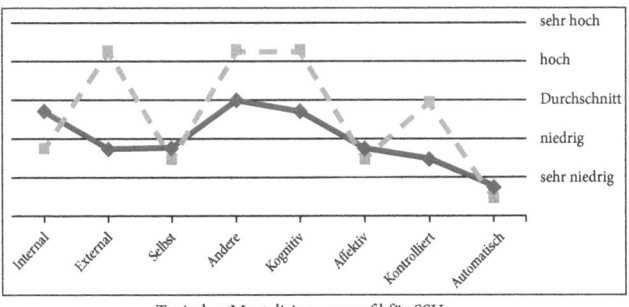

Abbildung 2: Prototypische Mentalisierungsprofile für Störung des Sozialverhaltens (SSV) und antisoziale Persönlichkeitsstörung (ASPS)

7 Ziele, Fokusformulierung und Krisenplan

7.1 Therapeutische Ziele

Es wird gemeinsam mit dem Patienten oder der Patientin eine Hierarchie der therapeutischen Ziele erarbeitet. Dabei ist die Etablierung eines kooperativen therapeutischen Arbeitsbündnisses das primäre Ziel für die Einleitung der Therapie. Zu Beginn werden die zentralen Probleme des Patienten gemeinsam mit ihm ausgearbeitet und in einer Fokusformulierung niedergeschrieben. Darüber hinaus wird vereinbart, an diesen zentralen Problemen gemeinsam zu arbeiten und erste Ideen zu sammeln, wie die Ziele erreicht werden könnten. Hier sind aktive, motivierende Fragetechniken des Therapeuten, der Therapeutin gefordert, was sich durch das Erreichen der Ziele positiv und negativ für den Patienten ändern würde.

Werden verschiedene Ziele formuliert, so sollten diese nach Wichtigkeit geordnet werden und mit Einverständnis der oder des Jugendlichen auch in den Familiensitzungen besprochen und ggf. ergänzt werden. Hier besteht bereits die erste Chance, unterschiedliche Perspektiven kennenzulernen und abzuwägen, da vermutlich alle Beteiligten unterschiedliche Vorstellungen über die Ziele und Wege dorthin haben. Gelingt es dem Therapeuten oder der Therapeutin, diese wertschätzend und gleichbedeutend zu begleiten, werden hier erste Erfahrungen positiver Perspektivverschränkung möglich.

7.2 Fokusformulierung

Nach Abschluss der Diagnostik und Psychoedukation (MBT-AI, siehe unten) wird eine individuelle Fokusformulierung erstellt, die das Verständnis der Therapeutin für die aktuellen Schwierigkeiten des Patienten zusammenfasst und der beginnenden Behandlung eine erste Richtung gibt. Die Fokusformulierung wird als Brief an den Patienten verfasst und in einer Sitzung überreicht und gelesen. Die Fokusformulierung verfolgt verschiedene Ziele:
1. individuelles Fallverständnis der Therapeutin vertiefen;
2. Fokussierung der Behandlung;
3. Transparenz über das therapeutische Denken und Vorgehen;
4. Zur-Verfügung-Stellen der therapeutischen Einschätzung als ein mentalisierendes Rahmen-Verständnis (gemeinsames Therapie-Rational).

Daher ist die Fokusformulierung bedeutsam in der Schaffung eines ersten epistemischen Vertrauens für den Patienten, die Patientin. Der Therapeut spielt mit offenen Karten und zeigt, wie er das, was der Patient in den ersten Sitzungen präsentiert, mental verarbeitet. Die Fokusformulierung enthält die folgenden Bausteine und sollte in einfacher, verständlicher Sprache geschrieben werden:
- Symptome (warum kommt der Patient bzw. warum wurde er geschickt?) und Hintergrundinformationen (was ist der familiäre/soziale Rahmen?);
- persönlicher Stil und Eindruck des Therapeuten (wie geht der Patient mit sich und anderen um, wie wirkt er in der Therapie?);
- Lob für die Mitarbeit und Bereitschaft, über sich selbst nachzudenken;
- Behandlungsplan (welches Setting wird angeboten?) und therapeutische Ziele;
- Krisenplan (Auslöser für Agieren, z. B. Selbst- und Fremdverletzung, benennen, Alternativen aufzählen, um das Verhalten zu verhindern, Telefonkontakt ermöglichen).

Bei Adoleszenten ist darauf zu achten, dass die Fokusformulierung nicht lang ist (Empfehlung: ca. eine Seite) und nicht zu belastendes Material oder Annahmen über den Jugendlichen oder die Jugendliche enthält. Stattdessen sollten das Lob für die Teilnahme an den Sitzungen, die positiven Eigenschaften und die Validierung des Erlebens der oder des Jugendlichen im Vordergrund stehen. Allgemein sollte die Formulierung sehr nahe am Erleben bleiben. Die Übergabe der Fokusformulierung erfolgt während der Sitzungen. Die Jugendlichen können entscheiden, ob sie den Brief selbst lesen oder vorgelesen bekommen. Auch hier ist therapeutisches Fingerspitzengefühl wichtig, wenn Jugendliche etwa Leseschwächen haben, sodass Vorlesen potenziell doppelt beschämt, einmal aufgrund der Vorleseschwäche und dann weil es um etwas sehr Persönliches geht und die Beziehung zum Therapeuten noch neu ist. Wichtig ist überdies, dass es sich bei der Fokusformulierung um einen Vorschlag des Therapeuten oder der Therapeutin handelt, der vom Adoleszenten ergänzt oder korrigiert werden kann, um ein gemeinsames Verständnis zu erreichen (vgl. Beispielformulierung).

Beispiel für eine Fokusformulierung
Lieber Nils,
Du kommst jetzt seit ein paar Wochen ganz zuverlässig zur Therapie, was mich sehr freut. Du wurdest mehr auf den Wunsch Deiner Eltern als auf Deinen eigenen Wunsch angemeldet und trotzdem habe ich das Gefühl, dass auch Du gerne in Deinem Leben etwas verändern möchtest und ein bisschen Hoffnung hast, dass ich Dir dabei helfen könnte.
Auf meine Frage, was Du verändern möchtest, hast Du für die Zusammenarbeit drei Ziele formuliert:
    Dich besser mit Deinem Vater verstehen,
    die Lehre erfolgreich abschließen,
    Freundschaften halten.
Ich finde alle drei Ziele sehr gut und möchte Dich unterstützen, sie zu erreichen.

In den Gesprächen mit mir scheinst Du noch sehr vorsichtig und zeigst wenig von Dir. Ich kann einerseits verstehen, dass Du erst mal genau schauen willst, ob Du mir vertrauen kannst, andererseits finde ich das auch schade. Ich habe den Eindruck, dass Du große Sorge hast, dass jemand Dich schlechtmachen könnte, wenn Du etwas von Dir zeigst. Ich weiß aber nicht, ob das stimmt. Du hast sehr freundliche und fürsorgliche Seiten (z. B. mit Deiner Freundin und Deiner Oma). Manchmal teilst Du dann anderen gegenüber auch ordentlich aus, verletzt mit Worten, was vielleicht Deinen Kontakt zu Freunden schwierig macht. Ich glaube aber nicht, dass Du tatsächlich jemanden verletzen willst. Du und Deine Mutter haben mir von Deiner Geschichte erzählt. Du hattest einen schwierigen Start, hast Deine leiblichen Eltern verloren und warst eine Zeit im Heim, bevor Du in Dein jetziges Zuhause gekommen bist. Ich kann mir vorstellen, dass dies keine leichte Zeit für Dich war und dass Du Dich manchmal fragst, wer Du eigentlich bist. Aktuell probierst Du viel aus und fühlst Dich von Deinen Eltern nicht verstanden. Du fühlst Dich eingeengt. Es gibt viele Konflikte, wenn Du dann einfach trotzdem tust, was Du willst. Dabei wirkst Du manchmal von außen betrachtet rücksichtslos, aber ich glaube, dass Du zurzeit einfach keine andere Lösung siehst. Ich habe mir in der kurzen Zeit auch schon manchmal Sorgen um Dich gemacht. Deswegen möchte ich mit Dir zusammen anschauen, an welchen Punkten Du zu wenig auf Dich und andere achtgeben kannst.
Ich möchte mit Dir zusammen erkunden, wie Du Deine Wünsche bei Deinen Eltern besser unterbringen kannst und gleichzeitig die Wünsche der anderen und die Anforderungen anderer (Lehre, Freunde) besser zusammenbringst. Das Ganze soll dazu beitragen, dass Du jetzt eine schöne Zeit haben kannst (auch mit weniger Streit) und gleichzeitig für Deine Zukunft sorgst. Dazu möchte ich gerne ein Jahr lang einmal in der Woche mit Dir sprechen und alle 14 Tage zusammen mit Dir und Deiner Familie.
Ich finde, dass Du bisher super gut mitarbeitest, und möchte mit Dir vereinbaren, dass Du bitte die Therapie betreffende Erlebnisse immer erzählst. Ich unterliege der Schweigepflicht (auch Deinen Eltern

gegenüber). Bitte sag mir auch immer, was Dich stört, dann können wir gemeinsam schauen, was wir ändern können.
Ich freue mich auf die weitere Zusammenarbeit mit Dir!

7.3 Krisenplan

Wenn indiziert, empfiehlt es sich, die Fokusformulierung mit einem Krisenplan zu verbinden. Der Krisenplan sollte drei Bereiche enthalten: 1) Informationen für den Patienten (was kann er selbst tun?), 2) Informationen für Fachkräfte des Gesundheitswesens (was können sie tun?) und 3) Handlungsbeschränkungen für Fachkräfte (was wünscht er sich nicht von ihnen). Ein Beispiel für einen Krisenplan befindet sich im Anhang. Es sollte darüber hinaus vereinbart werden, wer diesen Krisenplan bekommt, und dies könnte auch ein erster Anlass sein, um das Helfersystem ausführlich über die Therapie und deren Ziele zu informieren, damit es die Therapie unterstützen kann.

8 Psychoedukation: MBT-AI

Im Rahmen einer Psychoedukation – einer MBT-Einführungsgruppe (Introductory Group MBT for Adolescents, MBT-AI) – werden die Patienten und ihre Familien über das Konzept der Mentalisierung sowie die Zusammenhänge zwischen Mentalisierung und psychischen Störungen aufgeklärt. Das MBT-AI wurde als Gruppenintervention entwickelt und kann sowohl in Kombination mit MBT-Einzelsitzungen als auch mit MBT-F (siehe unten) oder alleinstehend angewendet werden. Die Psychoedukation hat folgende Ziele:
- in die Konzepte der Mentalisierung und Bindung einzuführen und über Gefühle aufzuklären;
- zu persönlicher Reflexion zu ermutigen, etwa darüber, wie frühe Erfahrungen zwischenmenschliche Beziehungen im Hier und Jetzt beeinflussen;
- darüber zu reflektieren, wie Mentalisierung und Bindung unseren emotionalen Ausdruck, unser Verhalten und unsere psychische Gesundheit beeinflussen;
- junge Menschen auf langfristige therapeutische Beziehungen vorzubereiten;
- mehr Details über die individuellen Mentalisierungsfähigkeiten zu erfahren.

MBT-AI für Jugendliche ist ein zwölfwöchiges Programm mit jeweils einer einstündigen Sitzung pro Woche (vgl. Tabelle 2). Es werden interaktive Techniken wie Aufwärmspiele, Arbeitsblätter, Fallbeispiele und Videosequenzen eingesetzt, um Gruppeninteraktionen und das Lernen anzuregen. Eine Gruppengröße zwischen sechs und acht Teilnehmenden wird empfohlen. Ein Gruppenleiter bzw. eine -therapeutin übernimmt die Anleitung der Gruppe, um sicherzustellen, dass alle Themen ausreichend besprochen werden, und dient als Modell für eine mentalisierende Haltung.

Tabelle 2: Die zwölf Sitzungen der MBT-AI

Sektion	Sitzung
1. Was ist Mentalisierung? Wofür ist Mentalisierung wichtig? Was sind Missverständnisse?	1. Begrüßung, Gruppenregeln und Einführung in die Mentalisierung
	2. Was ist Mentalisierung und wofür ist das wichtig?
	3. Stereotypen und Mentalisierung
2. Was beeinflusst die Mentalisierung? Was hilft uns, zu mentalisieren?	4. Was sind Gefühle? Warum haben wir sie? Und wie wirken sich Gefühle auf unsere Mentalisierungsfähigkeit aus?
	5. Gefühle mentalisieren
	6. Beziehungen verstehen und warum sie für die Mentalisierung und Emotionsregulation wichtig sind
	7. Einige beachtenswerte Dinge – woran erkennen wir (oder andere), dass uns das Mentalisieren schwerfällt?
	8. Beziehungsmuster und Gefühle: Angst
	9. Beziehungsmuster und Gefühle: Verlust und Depression
3. Mentalisieren im Alltag	10. Eine eigene Mentalisierungskultur entwickeln
	11. Aus der Vogelperspektive
	12. Mentalisierung und Ich

9 Behandlungsphase

9.1 Therapeutische Haltung

In der MBT-A gibt es eine spezifische therapeutische Haltung, die im Folgenden in Anlehnung an Bateman und Fonagy (2004) beschrieben wird. Der Therapeut ist ein aktiver Teilnehmer jeder Sitzung und sein Interesse und seine Neugierde gegenüber dem Patienten sollte durchgängig sichtbar sein. Zentraler Bestandteil der therapeutischen Haltung ist außerdem eine grundsätzliche Offenheit des Therapeuten, seine mentalen Reaktionen auf die mentalen Prozesse des Patienten wahrzunehmen und mit dem Patienten zu teilen. Der MBT-Therapeut nimmt außerdem eine Haltung des Nichtwissens ein. Das Nichtwissen basiert auf einem authentischen kollaborativen Kontakt mit dem Patienten, von dem der Therapeut tatsächlich nicht wissen kann, was genau in seinem Kopf vor sich geht. Hierbei geht es zunächst darum, dass der Therapeut die Angemessenheit des psychischen Erlebens des Patienten anerkennt, auch wenn er dieses zunächst nicht versteht. Der Therapeut, die Therapeutin ist dabei hochsensibel für die aktuellen Mentalisierungsfähigkeiten des Patienten, die sich aufgrund der dynamischen Eigenschaften von Mentalisierung von Augenblick zu Augenblick verändern können. Alle Interventionen müssen an den aktuellen Denkmodus des Patienten angepasst werden. Nach der Logik der MBT werden komplexe Interpretationen oder kognitive Bewertungen erst dann als sinnvoll angesehen, wenn Patienten in der Lage sind, über ihre aktuellen psychischen Befindlichkeiten nachzudenken, ohne sie agieren zu müssen.

Die Therapeutin legt den Schwerpunkt der MBT-A auf eine Exploration von Gefühlen statt einer Fokussierung auf Verhalten. Wenn über Verhalten gesprochen wird, so geht es der Therapeutin eher um ein Verständnis der dahinterliegenden mentalen Befindlichkeiten als darum, das Verhalten des Patienten zu managen. Als aktive Teilnehmerin einer dynamischen Interaktion übernimmt die Therapeutin die Verantwortung dafür, dass alle ihre Äußerungen und Handlungen emotionale Prozesse im Patienten auslösen. Besonders Missverständnisse seitens der Therapeutin können vom Patienten als schmerzlich erlebt werden, wofür die Therapeutin ebenfalls die Verantwortung übernimmt.

Weitere zentrale Bestandteile der therapeutischen Haltung sind der Aufbau eines starken therapeutischen Arbeitsbündnisses, eines authentischen emotionalen Kontaktes und einer fürsorglichen Beziehung.

Diese Aspekte sind besonders bedeutsam für die therapeutische Arbeit mit narzisstisch vulnerablen Adoleszenten. Hier ist es wichtig, sich stets vor Augen zu führen, dass die tief greifenden Schwierigkeiten dieser Patientengruppe mit starken Gefühlen der Minderwertigkeit zusammenhängen, die es ihnen erschweren, sich selbst angemessen zu regulieren und ein positives und kohärentes Selbstwertgefühl zu entwickeln. Daher sind sie stets wachsam für alle Erfahrungen, die ihre Minderwertigkeitsgefühle triggern oder ihr niedriges Selbstwertgefühl bedrohen könnten. Selbst kleine Missverständnisse oder unempathische Kommentare seitens des Therapeuten können auslösen, dass Adoleszente sich verurteilt oder an den Pranger gestellt fühlen, was zum Agieren – wie Selbst- oder Fremdverletzungen – führen kann als Versuch, das schwache Selbstwertgefühl wiederherzustellen oder ein Gefühl der Kontrolle zurückzuerlangen.

Im Kontrast zur Haltung mit erwachsenen Patienten wird für die MBT-A eine noch deutlichere Markierung der empathischen Validierung empfohlen und ein Gespür dafür, dass es für Adoleszente mit ihren aktuellen Autonomiebedürfnissen und ihrem vulnerablen Selbstwert besonders schwer ist, sich auf eine therapeutische Beziehung mit einem erwachsenen Therapeuten einzulassen. Daher sollte der Therapeut, die Therapeutin dies klar und wiederholt wertschätzen und den Mut des Jugendlichen offen benennen.

Ebenfalls im Kontrast zur Arbeit mit Erwachsenen ist der Umgang mit teleologischen Forderungen flexibler zu gestalten und erfordert eine grundsätzliche Handlungsbereitschaft der Therapeutin sowie die Fähigkeit, das eigene Setting flexibler zu handhaben, etwa Sitzungen als Spaziergänge durchzuführen und häufiger tatsächlich helfend zu handeln (z. B. Vermittlung an Schlichtungsstellen, Gespräche mit der Schule). Ist eine Jugendliche zu Beginn der Therapie nicht in der Lage, im klassischen 50-minütigen Setting das Gespräch mit der Therapeutin zu führen, so können kürzere Sitzungen eine Lösung sein oder therapeutische Spielangebote, die auch Jugendliche manchmal gern in Anspruch nehmen. Es hat sich ebenfalls als hilfreich erwiesen, wenn die Jugendliche eigenes Material zur Sitzung mitbringen kann, mit dem sie sich aktuell identifiziert, und so etwas von sich zeigt, was ebenfalls mentalisiert werden kann, wie zum Beispiel Musik oder Videospiele.

9.2 Interventionen der MBT-A

Die Einzelsitzungen folgen einem schrittweisen Wechsel von einer empathisch unterstützenden Haltung hin zu einer eher beziehungsorientierten Prozesserfahrung (Allen, Fonagy u. Bateman, 2011). Die supportiven Techniken können als Validierung des subjektiven Erlebens des Patienten zusammengefasst werden. Die Validierung des subjektiven Erlebens ist die notwendige Grundlage, um dann gemeinsam das vom Patienten Erlebte aus anderen Blickwinkeln reflektieren zu können. Erst wenn die Validierung erfolgreich verlaufen ist, kann der Therapeut Techniken der Klärung und Exploration mentaler Befindlichkeiten einsetzen.

Um ein prolongiertes Pseudomentalisieren zu unterbrechen, kann der Therapeut die Mentalisierung herausfordern (Challenge). Diese

Art der Intervention verlässt den normalen therapeutischen Dialog und wird von den Patientinnen und Patienten oftmals als überraschend erlebt.

Übergeordnet folgen die verschiedenen MBT-Techniken spezifischen Regeln (Fonagy, Bateman u. Bateman, 2011):
- Sie sind kurz und einfach zu verstehen.
- Sie sind affektfokussiert und Patienten aktiv einbindend.
- Sie sind fokussiert auf die psychischen Befindlichkeiten des Patienten statt auf dessen Verhalten.
- Sie sind auf aktuelle Ereignisse oder Aktivitäten bezogen (Arbeitsgedächtnis).
- Sie nutzen die mentale Realität des Therapeuten bzw. der Therapeutin als Modell.

Aufgrund der Wirkmächtigkeit des bereits beschriebenen fremden Selbst (Alien Self) haben Adoleszente mit traumatischen Erfahrungen eine übermächtige Erwartung, dass alle um sie herum ihnen Unrecht tun werden und sie selbst abgelehnt und am Ende immer verletzt werden. Daher ist es zum Aufbau und Halten des emotional getragenen Arbeitsbündnisses zentral wichtig, dass der Therapeut oder die Therapeutin in den Sitzungen authentisch und explizit in Bezug auf seine Intentionen, Wahrnehmungen und Erfahrungen ist. Die Jugendlichen, an die sich MBT-A besonders richtet, sind ängstlich in Beziehungen und dies auch in Bezug auf die therapeutische Beziehung. Auf der Basis des hohen Ausmaßes an Angst und der Tendenz der Jugendlichen, sich eher auf sich selbst als auf andere zu verlassen, gehen sie aus den Sitzungen oft mit dem subjektiven Gefühl, nichts mitnehmen zu können. Damit ist gemeint, dass die therapeutische Beziehung nicht als hilfreiche (innere) Struktur erlebt wird, mit der Schwierigkeiten besser bewältigt werden können. Es kann vorkommen, dass es den Patienten während der Sitzungen schwerfällt, aufmerksam zu bleiben, und sie sich später nicht mehr an Geschehnisse aus der Therapie erinnern können. Besonders in den Anfangssituationen der Therapie kann es daher sinnvoll sein, sehr konkret zu werden, um den emotionalen Kontakt herzustellen. Konkrete und klare Repräsentationen ihrer eigenen mentalen Zustände sind ebenfalls hilfreich.

9.2.1 Umgang mit prämentalisierenden Denkmodi

Die MBT bietet spezifische Umgangsweisen für die drei prämentalisierenden Denkmodi an. Die Interventionen leitend ist die Kernüberzeugung, dass ein Mentalisieren *für* den Patienten nicht hilfreich ist, da Mentalisierung in den prämentalisierenden Modi nicht verstanden werden kann und somit vermutlich eher Missverständnisse entstehen als die Entlastung oder Einsicht, die sich der Therapeut versprechen würde. Ein Überblick über die prämentalisierenden Modi, das dazugehörige Erleben des Therapeuten bzw. der Therapeutin sowie empfohlene und zu vermeidende Interventionen sind in Tabelle 3 dargestellt.

Der Handlungsdruck im teleologischen Modus

Befinden sich Patienten im *teleologischen Modus*, ist das Ziel der Interventionen, das Klammern an sofortige Verhaltenslösungen zu überwinden und ein Verständnis des Wunsches oder Konfliktes zu ermöglichen. Im teleologischen Modus fühlt sich der Therapeut aufgrund des starken Drucks, dass sofort etwas passieren muss, tatsächlich unter einem Handlungsdruck. Hierin liegt die Gefahr, sich als Therapeut auf die Handlungsebene einzulassen, was teilweise zu Abstinenzverletzungen führen kann, wie zum Beispiel Stunden zu überziehen, Anrufe für den Patienten zu tätigen etc.

Bei Jugendlichen kann es begründete Ausnahmen von diesen Empfehlungen geben. So sollte der Therapeut immer sorgfältig abwägen, ob es sich um Notsituationen handelt, die tatsächlich sein Eingreifen erfordern, wenn zum Beispiel die Sicherheit des Patienten bedroht ist oder die Sicherheit anderer. Daher lautet der Leitsatz, dass Sicherheit immer vorgeht! Das empathische Verständnis des Therapeuten ist gefragt, abzuwägen, wann es der therapeutischen Beziehung zumutbar ist, nicht auf die teleologischen Forderungen einzugehen. Besonders bei Jugendlichen können Drohungen während des teleologischen Modus eine Rolle spielen und die Beziehung zum Therapeuten belasten. Wenn Jugendliche zum Beispiel nicht mentalisierend reflektieren können, dass sie sehr enttäuscht vom Therapeuten sind, könnten sie mit selbstverletzendem Verhalten oder gar Suizid drohen. Hier ist eine klare authentische Stellungnahme des Therapeuten wichtig, dass dieser davon innerlich sehr betroffen wäre, es ganz furchtbar finden würde etc. Jugendliche mit SSV neigen darüber hinaus zu einem agierenden Verhalten, wenn sie versuchen, unerträgliche Selbstanteile in andere zu projizieren und dort durch Formen des Zwangs und Gewalt zu kontrollieren. Kommt die Therapeutin oder der Therapeut zu der Entscheidung, dass das Nichteingehen auf die drängenden Handlungswünsche für die therapeutische Beziehung tragbar ist, sollte jedoch eine empathische Validierung des Drängens erfolgen: »Ich kann das sehr gut verstehen, wie wichtig dir das wäre, aber ich möchte mit dir gerne besser verstehen, was hinter dem Drängen liegt.«

Das konkrete Denken im Modus der psychischen Äquivalenz

Reagieren Patienten in der Therapie im *Äquivalenzmodus,* so ist das Ziel der Interventionen, sie darin zu unterstützen, mentalistische und alternative Sichtweisen zulassen zu können, die die scheinbare Sicherheit der »einen eigenen Wahrheit« infrage stellen. Äußerungen im Äquivalenzmodus provozieren häufig Reaktionen im Gegenüber, den anderen von alternativen Perspektiven überzeugen zu wollen. Hier besteht daher die Gefahr, dass der Therapeut seine eigene Interpretation des Geschehens anbietet und *für* die Patientin mentalisiert oder mit ihr über alternative Sichtweisen diskutiert. Eine andere typische Reaktion besteht darin, dass die engstirnig wirkenden Interpretationen in der psychischen Äquivalenz negative emotionale Reaktionen auslösen und der Impuls im Therapeuten entsteht, dass sich die Patientin einfach »mal zusammenreißen soll«.

Aus Sicht der MBT wird es als sinnvoll erachtet, wie soeben für das Drängen im teleologischen Modus beschrieben, zunächst das Erleben des Gegenübers zu akzeptieren und zu validieren (»Das klingt wirklich furchtbar!«), bevor genauer exploriert werden kann, wie es zu exakt dieser Interpretation kommt. Im Gegensatz zum teleologischen Modus sollten hier die jeweiligen Inhalte validiert werden.

Da der Therapeut zunächst vermutlich eine andere Haltung zu dem beschriebenen Ereignis hat, ist eine besondere empathische Leistung von ihm erforderlich. Nach dieser Validierung kann in einem zweiten Schritt die Technik »Anhalten und Zurückspulen« (»Stop and Rewind«) angewandt werden, um den Prozess zu verlangsamen: »Warte mal einen Moment, können wir etwas langsamer machen? Ich möchte gerne verstehen, was los ist.«

Die Exploration dessen, was der junge Patient fühlt, und die Klärung, was in einem bedeutsamen interpersonalen Kontext passiert ist, ist die zentrale Grundlage eines schrittweisen Mentalisierens des Augenblicks.

Pseudomentalisieren[1]

Wenn Patienten zur Interpretation der Gründe für eigenes Verhalten oder das Verhalten der anderen pseudomentalisieren, so besteht ein gewisses Risiko, dass der Therapeut die pseudomentalisierende Sprache dadurch bestätigt, indem er »darauf einsteigt« und sie selbst (pseudo)mentalisierend bestätigt oder sich gelangweilt vom Patienten innerlich abwendet, da sich die Schilderungen unwirklich und emotionsentleert anfühlen. Nicht mentalisierungsförderlich wäre darüber hinaus eine Reaktion des »Laufenlassens« mit der Hoffnung, dass in der langen Rede doch etwas Sinnvolles passieren wird. Ziel einer mentalisierungsförderlichen Intervention wäre daher, die Pseudomentalisierung zu unterbrechen und die Mentalisierung neu herauszufordern. Dabei kann auf Humor oder paradoxe Interventionen zurückgegriffen werden, wie zum Beispiel: »Ich glaube, wir müssen den Stuhl austauschen, denn dieser hier scheint dir nicht beim Nachdenken zu helfen!« Eine Herausforderung in diesem Sinne stellt eine Unterbrechung

---

1 Wir verzichten hier bewusst auf die Verwendung des Begriffs »Als-ob-Modus« aufgrund dessen Nähe zum Verständnis des positiv besetzten Spiels.

des Pseudomentalisierens dar und den Versuch, Inneres und Realität wieder in Kontakt zu bringen.

Der Therapeut oder die Therapeutin versucht also, Sprache und Gefühl wieder zusammenzubringen und deutlich zu machen, dass Deutungen, die entkoppelt sind vom eigenen inneren Erleben, nicht weiterhelfen, etwa durch Fragen wie: »Was meinst du damit genau? Wie kann ich mir das vorstellen? Wie fühlt sich das für dich an?« oder als Reaktion auf Sätze wie »So ist sie eben, da darf man sich nicht drüber ärgern« den Affekt zu fokussieren: »Bei mir kommt an, du ärgerst dich doch ziemlich darüber!« Dabei kann die Methode des »Stop and Stand« angewandt werden, wenn der Patient viele verschiedene Gedankenansätze rasant präsentiert. Bei Jugendlichen mit SSV und geschwächter Urheberschaft kann das Pseudomentalisieren einen Schutz davor darstellen, sich mit den tatsächlichen emotionalen Konsequenzen des eigenen Handelns auseinanderzusetzen, was für die Änderung der Verhaltensprobleme jedoch unabdingbar ist (Taubner, 2008).

Tabelle 3: Überblick über die prämentalisierenden Modi, das dazugehörige Erleben des Therapeuten oder der Therapeutin sowie empfohlene und zu vermeidende Interventionen (nach Bateman u. Fonagy, 2016, S. 210 f.)

	Psychische Äquivalenz	Pseudomentalisierender Modus	Teleologischer Modus
Klinische Form	Überbetonung der inneren Welt, Gleichsetzung von innen und außen, kein Zweifel an der eigenen Haltung, Realität wird über die innere Erfahrung definiert, keine alternative Perspektive oder Änderungsmöglichkeit: »Es ist, wie es ist!«	Innen- und Außenwelt sind abgetrennt, Sprechen hat keine Auswirkungen auf die Lebensweise, kommt zu keiner Erkenntnis (Hypermentalisieren), enthält nicht nachvollziehbare Rückschlüsse auf Mentales, dissoziativ, Körper und Geist sind entkoppelt	Überbetonung der äußeren Welt, mentale Befindlichkeiten werden an Veränderungen der physikalischen Welt gemessen »Mein Bein hat gezuckt, ich war wohl ängstlich«, Motive anderer werden an deren Handlungen gemessen; Zwang, dass etwas passieren muss
Erleben des Therapeuten	verwirrt, ärgerlich, genervt, hoffnungslos, will den Patienten vom Gegenteil überzeugen, ist unsicher, was er sagen soll; klingt logisch, aber sehr verallgemeinert	gelangweilt, unbeteiligt, Patient ist zu schnell mit den Einfällen des Therapeuten einverstanden: kann sich fälschlich als Fortschritt in der Therapie anfühlen	Unsicherheit und Angst; Wunsch, etwas zu tun (Medikamente, Telefonate), Sitzungen werden überzogen
Empfohlene Intervention	empathische Validierung des subjektiven Erlebens, Haltung der Neugierde: »Wie bist du zu diesem Schluss gekommen?«, eigene Verwirrung dem Patienten markiert zeigen; falls Mentalisierung nicht möglich, erst mal ein damit verbundenes Thema ansprechen, bei dem Mentalisierung möglich ist	Überprüfen des Zustimmens, überraschende und paradoxe Interventionen: Challenge	empathische Validierung der Not, Handlungen sollten gut abgewogen werden nach Exploration der Not; Affektfokus benennen, der in dem Dilemma der Handlung steckt
Eher schädlich	diskutieren, Fokus auf den Inhalt, kognitive Herausforderungen	Nichtbeachtung; Bestätigung, als ob es um Reales ginge; einsichts- oder skillorientierte Interventionen	exzessive Wünsche bzw. Drängen erfüllen; Glaube, dass dies positive Veränderungen herbeiführt; Elastizität im Sinne von Extrasitzungen, die mit Auflagen erfolgen, statt einer hier geforderten Flexibilität

Zusammenfassung der Vorgehensweise in der MBT-A

Zuerst ist der Therapeut, die Therapeutin zuständig für eine Prozessbeobachtung der Regulation der Affekte sowie der Identifikation von Nichtmentalisierung. Die Basis der Interventionen stellt dann immer die empathische Validierung dar, und darauf aufbauend können Interventionen eingesetzt werden, die Affekte regulieren und Mentalisierung wiederherstellen. Eine Übersicht über die in der MBT-A eingesetzten Techniken liefert Tabelle 4. Wichtig ist, dass die Interventionen immer an die momentan vorliegende Mentalisierungsfähigkeit des oder der Jugendlichen angepasst werden.

Verliert der Therapeut seine eigene Mentalisierungsfähigkeit, ist es wichtig, dass er zunächst für deren Wiederherstellung sorgt, bevor die therapeutische Arbeit weitergehen kann.

Eine Interventionstechnik, die insbesondere für Jugendliche hilfreich ist, die Schwierigkeiten haben, mehrere Perspektiven gleichzeitig zu denken, ist das »Mikro-Slicing«. Dabei wird das zentrale Narrativ auseinandergenommen – etwa unter Zuhilfenahme von Visualisierungstechniken – und schrittweise in Mikrosequenzen zerlegt, um verschiedene Perspektiven übersichtlicher darzustellen.

Tabelle 4: Übersicht über die spezifischen MBT-Techniken mit Beispielen

Technik	Beschreibung	Beispiel
Empathische Validierung	- schrittweiser Wechsel von einer empathisch unterstützenden Haltung hin zu einer beziehungsorientierten Prozesserfahrung - Validierung des subjektiven Erlebens des Patienten - notwendige Grundlage, um gemeinsam das vom Patienten Erlebte aus anderen Blickwinkeln reflektieren zu können - Basis für weitere Techniken, wie Klärung und Exploration	»Ich kann es gut verstehen, dass du dich in dem Moment so gefühlt hast.« »Ich finde es nicht gut, wenn du deine Gefühle so übergehst. Deine Gefühle sind wichtig. Es ist mir wichtig, mehr darüber zu erfahren.«
Klarifikation, »Stop and Stand«	- Nachfragen, die das Gegenüber zum Nachdenken über mentale Befindlichkeiten anregen	»Ich würde gerne noch genauer verstehen, was in dem Moment passiert ist.«

Technik	Beschreibung	Beispiel
	- Aufforderungen des Patienten in direkter und klarer Form beantworten, getragen von einer selbstreflektierten und für Verbesserungen offenen Haltung - Erklärungen und Elaborationen abgeben, um ein detailliertes Bild der Situation, der damit verbundenen Gefühle und des damit verbundenen Verhaltens zu erhalten - Den Patienten darin unterstützen, einen Zusammenhang zwischen Gefühlen und Verhalten herzustellen - Eigene Gefühle, Gedanken und mentale Zustände so vermitteln, dass ein offener Diskurs darüber möglich wird - Identifikation und Benennung von Affekten	»Könnte es sein, dass dein Ärger über die Situation dazu geführt hat, dass du dich so abweisend verhalten hast?«
Affektkennzeichnung	- Wenn nicht mentalisiert wird, nachdrücklich versuchen, Gefühlszustände hervorzurufen - Gemischte Gefühle anerkennen, nach weiteren Emotionen suchen, vor allem wenn die zuerst geäußerte Emotion geringe Chancen hat, bei anderen Sympathie hervorzurufen. oder auf Ablehnung stoßen würde (z. B. Frustration, Wut) - Reflektieren darüber, wie sich die Situation für einen selbst anfühlen würde - Gefühle überprüfen - Sich selbst benutzen	»Ich kann mir gut vorstellen, dass du in dem Moment wütend warst. Und war da vielleicht noch ein anderes Gefühl?« »Wenn ich mir vorstelle, wie ich mich an deiner Stelle gefühlt hätte, dann wäre ich enttäuscht gewesen. Kann es sein, dass du dich so gefühlt hast?«
Exploration, »Stop, Rewind, Explore« oder: »Stop, Listen, Look«	- Dem Patienten dabei helfen, eine Neugier auf die eigene Motivation zu entwickeln - Dem Patienten dabei helfen, Fehler in der Mentalisierung und ihre Konsequenzen zu identifizieren - Die therapeutische Perspektive auf eine bestimmte Situation als eine alternative Betrachtungsweise vermitteln	»Warte einen Moment, bevor wir weitermachen, lass uns anhalten und schauen, ob wir das gemeinsam verstehen können.«

Technik	Beschreibung	Beispiel
	- Dem Patienten dabei helfen, in der Interaktion mit dem Therapeuten eigene Gefühle und Gedanken zu erkunden, um die Beziehung zwischen Therapeut und Patienten zu stärken, anstatt in nicht mentalisierenden Interaktionen zu verharren - Die Aufmerksamkeit auf Unterbrechungen oder »Sackgassen« lenken, um herauszufinden, was passiert ist, mit dem Fokus auf der gefühlten Erfahrung	»Gehe schrittweise rückwärts und versuche, an dem Prozess dranzubleiben.« »Lass uns den Verlauf noch einmal genau nachvollziehen und verstehen, wie sich das hier entwickelt hat.«
Challenge	- Um ein prolongiertes Pseudomentalisieren zu unterbrechen, kann der Therapeut die Mentalisierung herausfordern - Diese Art der Intervention verlässt den normalen therapeutischen Dialog und wird von den Patienten oftmals als überraschend erlebt	»Der Stuhl scheint dir aufs Gemüt zu drücken, wollen wir tauschen?«

9.2.2 Umgang mit Übertragung und Gegenübertragung

Die eigenen affektiven und kognitiven Reaktionen des Therapeuten auf den Patienten (Übertragung und Gegenübertragung) werden sorgfältig überwacht und zunächst unter »Quarantäne« gestellt, das heißt, sie werden nur mitgeteilt, wenn es den interpersonalen Prozess weiterbringt. Gegenübertragungsgefühle werden nicht per se als projektive Elemente des Patienten angesehen, sondern müssen klar unterteilt werden in diejenigen Anteile, die mehr mit dem Therapeuten und mehr mit dem Patienten zu tun haben.

Wenn der Therapeut entscheidet, seine Gegenübertragung mitzuteilen, ist er nach der MBT-Technik dazu angehalten, diesen Satz mit »Ich« zu beginnen, um deutlich zu markieren, dass es hier um *sein* Erleben geht und nicht um objektives Wissen (Bateman, 2014). Hierbei wird sehr stark darauf geachtet, dass das Erleben des Therapeuten nicht exakt beschreiben kann, was im Patienten vor sich geht, sondern nur die Repräsentation der Psyche des Patienten im Therapeuten darstellen kann.

10 Familiensitzungen (MBT-F)

10.1 Grundidee

MBT-F kann sowohl als eigenständige Intervention genutzt werden als auch als ein zusätzliches Setting im Rahmen der MBT-A. Es stellt keine neue Therapieform dar und viele der Techniken basieren auf bekannten psychodynamischen und systemischen Verfahren (Asen u. Fonagy, 2012). Obwohl vermutlich alle psychologischen Therapien die Mentalisierungsfähigkeit indirekt verbessern, legt die MBT-F ihren Behandlungsfokus direkt auf die Verbesserung der Mentalisierungsfähigkeit des familiären Systems.

MBT-F behandelt dysfunktionale Mentalisierungsprozesse innerhalb des familiären Kontextes und fokussiert nicht auf einzelne Symptome oder Personen. Dabei wird versucht, die Familie und ihre einzelnen Mitglieder mit Fähigkeiten auszustatten, die es ihnen ermöglichen, Selbstheilungsprozesse zu aktivieren. Diese Fähigkeiten werden in einem Setting erarbeitet, welches das gegenseitige Verständnis sowohl der einzelnen Familienmitglieder für sich selbst als auch für die anderen maximiert und ihre Gefühle und dazugehörigen Gedanken steigert – im Speziellen das empathische Verständnis der Eltern oder anderer Betreuer für die Kinder. Da das Verständnis des Kindes über seine eigenen psychischen Vorgänge weiterhin von der Bewertung der Eltern abgeleitet wird, führt eine Verbesserung dieses Verständnisses zu einer Stärkung der eigenen Kontroll- und Bewältigungsstrategien und einer effektiveren Art, Gefühle auszudrücken. Um eine normale Entwicklung gewährleisten zu können, benötigt das Kind die Erfahrung einer Denkweise, die die eigenen Gedanken zum Gegenstand hat und Gefühle und Intentionen genau reflektiert, ohne das Kind zu überfluten, beispielsweise wenn negative Gefühlszustände wahrgenommen werden.

MBT-F geht davon aus, dass die Berücksichtigung, Interpretation und Bewertung (im Selbst und bei Anderen) wesentliche Bestandteile für gesunde Beziehungen sind. Mentalisierungsprobleme verursachen anstrengende und stressige Familieninteraktionen, welche wiederum die Mentalisierungsfähigkeit einschränken, wie in Abbildung 3 erläutert wird. Solche dysfunktionalen Interaktionen führen zu Beziehungsproblemen, die familiäre Copingstrategien, Kreativität und Resilienz untergraben. Paradoxerweise verstärkt Problemverhalten dysfunktionales familiäres Mentalisieren, da es die Illusion von Kontrolle, Sicherheit und Bindung schafft. Daher erfordert die Änderung des familiären Umgangs im Sinn eines Aufgebens des nicht mentalisierenden Verhaltens viel Mut von einem Jugendlichen/einer Jugendlichen und dem Rest der Familie.

Teufelskreise der Mentalisierungsprobleme in Familien

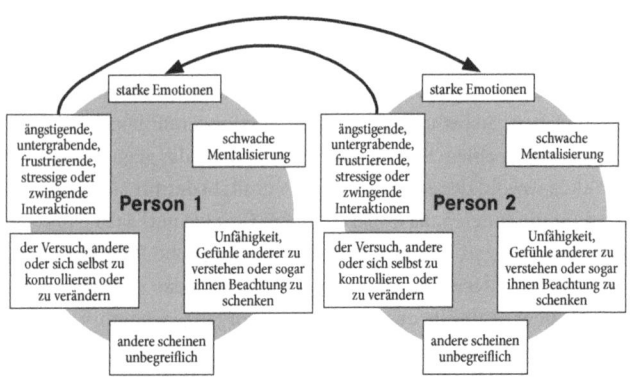

Abbildung 3: Teufelskreis der wechselseitigen Hemmung von Mentalisierung in Familien

10.2 Der MBT-F-Kreislauf der Interventionen

Der MBT-F-Kreislauf (Loop) besteht aus den fünf Komponenten:
1. Wahrnehmen und Benennen, 2. Überprüfen, 3. den Moment mentalisieren, 4. Generalisieren und Veränderungen erwähnen und 5. Feedback geben.
1. Im Teil *Wahrnehmen und Benennen* formuliert der Therapeut, die Therapeutin eine Stellungnahme zu den in den Interaktionen aufkommenden Mustern der wechselseitigen Verbindung der Familienmitglieder zueinander im »Hier und Jetzt« (oder berichteten Ereignissen). Der Therapeut gibt diesen Interaktionen eine Stimme und verfolgt diese weiter, indem er den Konsens zwischen den Familienmitgliedern abgleicht. Sobald eine problematische Interaktion wahrgenommen wurde, konzentriert er sich darauf, die Familie dazu einzuladen, die Situation zu benennen. Dafür eignet sich das Nutzen von Pausen- und Wiederholungstechniken. Die Familie soll angeregt werden, sich als eine »Arbeitsgemeinschaft« wahrzunehmen, die über ihre Interaktionen nachdenkt und sie von einer Metaebene ausgehend betrachtet.
2. Das *Überprüfen* stellt eine wirkungsvolle Inszenierung der therapeutischen Haltung dar. Der Therapeut zeigt respektvolle Neugier und benutzt eine vorsichtige Ausdrucksweise in Bezug auf psychische Zustände. Er prüft die Verknüpfungen, um somit eine genauere Mentalisierung und eine erhöhte narrative Kohärenz eines Ereignisses zu erreichen. Er prüft zur Bestätigung der Grenzen des »Gedankenlesens« und zur Bekräftigung des Wertes, eigene und psychische Zustände anderer Menschen zu verstehen.
3. Der Therapeut strebt an, den *Moment zu mentalisieren,* um die Neugier zwischen den Familienmitgliedern zu wecken und zu teilen und somit die Haltung zu fördern, dass es sehr aufschlussreich sein kann, etwas über die Gefühle und Gedanken anderer Menschen zu lernen. Die Familie wird immer wieder zu Empathie und gegenseitiger Aufmerksamkeit ermutigt. Das Hauptziel ist es, einen Kontext zu schaffen, der als »emotionales Brainstorming« bezeichnet werden kann.

4. Anschließend versucht der Therapeut oder die Therapeutin zu *generalisieren und Veränderungen zu erwägen*. Es soll ein allgemeineres Verständnis über spezifische Beobachtungen gewonnen und das Verstandene genutzt werden, um zu einer alternativen Strategie zu gelangen. Dann soll deren Umsetzung geplant werden. Vorsicht vor zu idealistischen Plänen ist geboten!
5. Im letzten Schritt des MBT-F-Loop (siehe Abbildung 4) wird in Form eines *Feedbacks* der Kreislauf von jedem Familienmitglied gegengeprüft, indem das Geschehen aus einer Metaperspektive betrachtet wird. Es kann eine Bewertung dessen, was eine neue emotionale Erfahrung sein könnte, vorgenommen und die Möglichkeit genutzt werden, gemeinsam über das Geschehene und seine positiven Konsequenzen zu reflektieren.

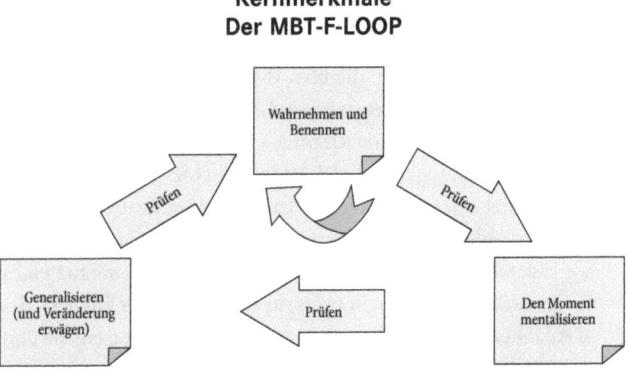

Abbildung 4: Der MBT-F-Kreislauf der Interventionen

In Tabelle 5 sind einige Beispiele für Interventionen in der MBT-F dargestellt. Eine umfangreiche Aufstellung dieser und weiterer Techniken finden sich im Open-Access-Manual der MBT-F (http://mbtf.tiddlyspace.com/).

Tabelle 5: Beispieltechniken der MBT-F

Coaching	Wie kann das Kind mit seinen Eltern sprechen, um eigene Gedanken mitzuteilen? Mit der Familie in den gemeinsamen Sitzungen das Lösen von Sackgassen üben.
»Ballooning«	Eine stärkere Technik als das »Challenging«, indem einzelne Familienmitglieder karikiert werden. Der Therapeut »bläht« das Gesagte (»Balloons«) auf, indem er eine emotionale Ausdrucksweise (Stimme und Wortwahl) verwendet.
Das Pronomen »Wir« infrage stellen	z. B. »Fallen uns Vor- und Nachteile dafür ein, das Wort ›wir‹ in dieser Situation zu verwenden?«
Problemsituationen nachstellen	Der Therapeut schlägt vor, die Problemsituation konkret von mehreren Familienmitgliedern demonstrieren zu lassen.

11 Supervision

Die Behandlung sollte von einer Supervision begleitet werden, die ebenfalls den grundlegenden Mentalisierungsprinzipien folgt, das heißt, auch der Supervisor oder die Supervisorin nimmt die nicht wissende Haltung (Not-Knowing-Stance) ein, regt in der gemeinsamen Reflexion eher zu einem vertieften Verständnis des Affektfokus an und versucht, dem Therapeuten ein authentisches Arbeiten mit den Patienten zu ermöglichen. Dies soll im Folgenden an einer kurzen Fallvignette verdeutlicht werden:

In der Supervision wird die Arbeit mit einer Jugendlichen vorgestellt, mit der die Therapeutin seit etwa acht Monaten arbeitet. Die Patientin heißt Lena (Name geändert), ist 16 Jahre alt und wurde vom Hausarzt aufgrund selbstverletzenden Verhaltens und einer Depression an die Therapeutin überwiesen. Das Setting ist einmal wöchentlich eine Einzelsitzung und einmal im Monat eine Sitzung gemeinsam mit den Eltern. Mit diesen lebt Lena zusammen sowie mit einem älteren Bruder. Die Therapeutin schildert die Familie als warmherzig, liebe- und humorvoll. Alle seien sehr erfolgreich, und die Eltern seien ratlos, dass ihre Tochter nicht erkenne, wie klug, talentiert und hübsch sie sei. Damit fühle sich Lena oft missverstanden. Die Eltern beschreiben Lena als ein eher sensibles Kind und machen sich Sorgen, dass der ältere Bruder mehr Aufmerksamkeit bekomme, da er diese ständig einfordere. Der Vater beschreibt Lena als überaufmerksam. Schon als Einjährige habe sie sich nach jedem und allem umgeschaut. Er beschreibt sie als ein Schaf in einer Herde, dass nicht friedlich wie die anderen das Gras frisst, sondern seinen Kopf hebt, umherschaut und sich wundert, was passiert. Den Eltern zufolge habe es in Lenas Kindheit keine Probleme gegeben.

Die Schwierigkeiten hätten vor zwei Jahren begonnen, als ihre beste Freundin sich abwandte und hinter ihrem Rücken lästerte. Lena war zwar nicht vollkommen allein, fühlte sich aber leicht verletzlich und war über einen längeren Zeitraum dem Mobbing der ehemaligen Freundin ausgesetzt. Sie wurde zunehmend depressiv, fing an, sich selbst zu verletzen, und versuchte vor circa einem Jahr, sich das Leben zu nehmen. Sie berichtete der Therapeutin, dass sie damals gerne gestorben wäre. Trotz ihres Leidens schloss sie die Schule mit exzellenten Noten ab. Die Therapie begann mit dem Eintritt in eine weiterführende Schule. Es ging ihr zu diesem Zeitpunkt sehr schlecht. Sie schnitt sich jeden Tag, war häufig dissoziiert, depressiv, voller Angst und konnte kaum zur Schule gehen.

Die Therapeutin beschrieb ihre Technik als vorrangig stark empathisch validierend, um eine vertrauensvolle Beziehung zu schaffen und die starken dissoziativen Zustände zu unterbrechen. Ihre Interventionen zielten darauf ab, Lena aus dem Modus der psychischen Äquivalenz herauszuholen, wenn diese daran festhielt, komisch, schräg, fett und inkompetent zu sein. Durch wiederholtes Sprechen über die Selbstverletzung und die Exploration der damit zusammenhängenden Gefühle sei das Schneiden schleichend weniger geworden. Problematisch erschien der Therapeutin jedoch, dass Lenas Stimmung weiter sehr niedergedrückt war, weshalb sie sich fragte, ob sie eventuell einen pseudomentalisierenden Modus übersehen würde. Verschiedene Krisen konnten über empathische Validierungen bewältigt werden, wie etwa die Trennung von ihrem Freund. Kurze Zeit danach sei Lena jedoch wieder zunehmend dissoziiert und berichtete, dass sie statt des Schneidens nun angefangen habe, sich zu übergeben. Ihr sei klar geworden, wie einsam sie ohne ihren Freund sei, wie sehr sie es hasse, ihn täglich in der Schule zu sehen und selbst keine Freunde mehr zu haben. Außerdem fühle sie nun erneut den Leistungsdruck der Schule.

Die Supervisorin bat um einen Videoausschnitt, um die genaue Interaktion zwischen Therapeutin und Jugendlicher besser verstehen zu können. Dieser Therapieausschnitt wird tabellarisch dargestellt (siehe Tabelle 6), wobei das Transkript – mit etwas geglätteter Sprache – links steht und die jeweiligen MBT-Interventionen in der rechten Spalte kommentiert werden.

Tabelle 6: Transkriptauszug aus der Behandlung einer Jugendlichen mit NSSI (Non-Suicidal Self Injury) sowie Kommentar zu den verwendeten Interventionen

Originaltranskript	MBT-Intervention
P: Etwas stimmt nicht mit mir. Ich bin zu sensibel und komisch.	
T: Autsch, das klingt für mich nach einem schwierigen Zustand. Könntest du mir etwas mehr darüber berichten, was du damit meinst, dass etwas mit dir nicht stimmt?	Empathische Validierung Exploration
P: Na ja, keiner mag mich oder will mit mir Zeit verbringen. Ich versuche, in der Schule mit anderen zusammen zu sein, aber es bringt nichts. Ich kann sehen, dass die anderen denken: »Die ist komisch.«	[Psychische Äquivalenz]
T: Das verstehe ich nicht, für mich ist es schwer vorstellbar, dass es jemanden gibt, der nichts mit dir zu tun haben möchte. Könntest du mir helfen, das noch besser zu verstehen?	Klarifikation
P: Aber ich gebe mir doch sehr viel Mühe mit den anderen in der Schule, aber sie interessieren sich nicht und ich bin erschöpft. Ich kann das nicht mehr.	
T: Du Arme, das klingt sehr schwierig. Ich kann mir vorstellen, dass das sehr anstrengend ist, das Gefühl zu haben, etwas stimmt nicht mit dir, und trotzdem gibst du dir so viel Mühe mit den anderen und merkst dann, es bringt doch nichts.	Empathische Validierung
P: Mhm.	
T: Kannst du mir sagen, woran du erkennst, dass die anderen nichts mit dir zu tun haben wollen?	Exploration
P: Na ja, die haben sich alle in unterschiedlichen Gruppen zusammengefunden, und ich bin nicht Teil davon. Ich versuche, Kontakt mit ihnen aufzunehmen, und wenn ich dann etwas sage, dann schauen sie mich nur an und verstummen.	

Originaltranskript	MBT-Intervention
T: Oh, das klingt hart. Also du versuchst, Teil der Gruppe zu werden, du gibst dir Mühe, auf die anderen zuzugehen, indem du etwas sagst, und dann antworten die anderen einfach nicht. Wie geht es dir damit?	Validierung
P: Ich fühle mich dumm, komisch, wie ein Versager.	
T: Das klingt schwierig. Weißt du, Lena, wenn ich in eine Gruppe komme, bei der ich nicht richtig das Gefühl habe, dazuzugehören, und dann versuche ich etwas zu sagen und keiner antwortet mir, da würde ich mich auch sehr unwohl fühlen. Das klingt nach einer schwierigen Situation.	Affektkennzeichnung Empathische Validierung und Normalisierung
P: Mhm.	
T: Wie können wir das verstehen? Also, ich meine, wie kann es sein, dass die anderen dir nicht antworten? Hast du eine Idee?	Exploration
P: Ich habe einfach nichts Interessantes zu sagen.	
T: Oh, jetzt musst du mir mal helfen, denn ich habe den Eindruck, dass du jemand bist, für den man sich sehr wohl interessiert.	Klarifikation
P: Danke.	
T: Oh, kein Problem. Lena, könntest du mit mir über eine der Situationen sprechen, in der du auf die Gruppe zugegangen bist, etwas gesagt hast und alle still waren?	Rewind and Explore
P: Gestern beim Mittagessen. Da dachte ich, ich setze mich zu der Strebergruppe. Also, ich verurteile sie nicht, weil sie Streber sind. Ich mag Streber irgendwie, das sind oft nette Leute. Also habe ich mich zu ihnen gesetzt, es waren vier Leute, und ich wurde dann sozusagen das fünfte Rad am Wagen.	
T: Okay, also als du dich dazugesetzt hast, wie haben die anderen reagiert?	
P: Sie haben mich nicht wirklich beachtet und sie haben sich untereinander unterhalten.	
T: Worüber haben sie denn gesprochen?	Exploration des Ereignisses
P: Über viele verschiedene Dinge, es war irgendwie schwer, zu folgen. Ich wusste nicht, was ich dazu sagen sollte.	
T: Und wie hast du dich dabei gefühlt?	
P: Ich fühlte mich wie das fünfte Rad am Wagen. Komisch und schräg.	
T: Meine Güte, das fünfte Rad am Wagen zu sein ist kein angenehmes Gefühl!	Affektkennzeichnung Empathische Validierung
P: Genau.	Exploration

Originaltranskript	MBT-Intervention
T: Und was ist dann passiert? Konntest du denn mit diesem unangenehmen Gefühl in dir etwas zu den anderen sagen?	
P: Ja, sie haben dann angefangen, über unsere Lehrer zu reden, und ich sagte dann, dass ich Herrn Müller sehr mag, und dann haben sie mich für einen kurzen Moment angeschaut, keiner hat etwas gesagt und dann haben sie untereinander weitergeredet.	
T: Sie haben nichts gesagt?	[Psychische Äquivalenz]
P: Nein, sie denken wohl einfach, dass ich komisch und langweilig bin.	
T: Und wie kann das sein? Ich verstehe das nicht, für mich hört sich das nicht komisch und langweilig an, was du über Herrn Müller gesagt hast! Für mich klingt das einfach nach einem ganz normalen Kommentar. Was meinst du?	Normalisierung
P (lächelt): Ja, es ist nichts besonders komisch an meiner Aussage.	
T: Könnte es noch einen anderen Grund geben, warum sie dir nicht geantwortet haben? Also wenn ich mir vorstelle, wie das ist, wenn meine Aufmerksamkeit woanders ist, dann verliere ich teilweise meinen Blick für das, was um mich herum passiert. Also frage ich mich, ob die anderen so sehr in ihre Unterhaltung vertieft waren, dass sie gar nicht gemerkt haben, dass du dich dazugesetzt hast.	Basismentalisierung
P: Ich weiß nicht, vielleicht, aber ich habe das Gefühl, sie sind so eine feste Gruppe, dass sie sich gar nicht für andere interessieren.	Basismentalisierung
T: Ah, ich verstehe, das ist eine mögliche Erklärung für das Schweigen. Für mich klingt es aber eher so, als ob der Grund für ihr Schweigen eher mit ihrer Gruppe zu tun hat als damit, dass du komisch und langweilig bist. Was hältst du davon?	
P: Aber *keine* Gruppe lässt mich rein, irgendetwas muss doch mit mir falsch sein. Niemand will etwas mit *mir* zu tun haben. Ich bin einfach eine Person, mit der niemand etwas zu tun haben möchte.	[Psychische Äquivalenz]
T: Oh, meine Liebe, das widerspricht wirklich dem Bild, das ich von dir habe. Für mich bist du eine sehr liebenswerte Person. Warum sollten die anderen das nicht denken?	Klarifikation
P: Weil ich langweilig bin. Und Sie kümmern sich um mich, weil es Ihr Job ist, Sie müssen sich kümmern, aber das ist etwas anderes.	[Psychische Äquivalenz]

Supervisionsfeedback

Die Supervisorin fand die Interventionen der Therapeutin sehr mitfühlend und hilfreich. Wie die Therapeutin konnte sie die fast durchgehende psychische Äquivalenz der Patientin sehen, die immer nur ganz kurz durchbrochen werden konnte. Dann öffnete sich Lena etwas für alternative Perspektiven, kehrte jedoch schnell zurück zu ihrem früheren Interpretationsmuster, dass sie komisch und für Gleichaltrige uninteressiert sei. Es zeigte sich, dass es der Therapeutin ähnlich ging wie den Eltern, das heißt, dass sie nicht wirklich nachvollziehen konnte, warum sich das aus ihrer Sicht sehr liebenswerte Mädchen selbst so sehr ablehnte. Die Supervisorin fragte daher nach, wie authentisch sich die Therapeutin bei der empathischen Validierung fühlen würde, und es stellte sich heraus, dass sie sich manchmal als etwas technisch empfand.

Die Supervisorin versuchte, gemeinsam mit der Therapeutin den Fokus der Aktivierung der Mentalisierungspole neu zu formulieren. Aus ihrer Sicht schien sich Lena zu sehr auf die anderen zu konzentrieren, verbunden mit hoher Zurückweisungssensitivität. Vielleicht könnte es für Lena hilfreich sein, wenn sie mehr in eine Beobachterposition kommen könnte, anstatt sich ständig von anderen beobachtet zu fühlen. Sie wirkte auf die Supervisorin so verzweifelt, mit anderen in Kontakt kommen zu wollen, dass die Frage, für wen sie sich eigentlich interessiert und wen sie eigentlich mag, nicht gestellt wurde – auch nicht von der Therapeutin. Letztere erschien identifiziert mit der Depressivität und Hoffnungslosigkeit der Patientin, sodass auch sie keine neuen Ideen entwickeln konnte und eher technisch reagierte. Daher würde vielleicht ein Fokus auf das Verständnis des Selbst den aktuellen Knoten lösen.

Weiter diskutierte die Supervisorin den Affektfokus, der sich gegen Ende der Sitzung zunehmend zeigte: Lena verdeutliche, dass es ihr schwerfalle, den positiven Rückmeldungen der Therapeutin zu vertrauen, da sie nicht sicher sei, ob diese authentisch oder aus der Rolle heraus erfolgen. Es zeigt sich hier eine Wiederholung der Beziehung zu den Eltern, was in der MBT jedoch nicht fokussiert wird. Stattdessen empfahl die Supervisorin die Mentalisierung der Beziehung unter Berücksichtigung des Beitrags der Therapeutin an der Unsicherheit der Patientin. Da die Therapeutin tatsächlich aus dem Gefühl der Hoffnungslosigkeit heraus etwas technisch reagierte, könnte dies von der Patientin akkurat als unauthentisch-professionell erkannt worden sein. Wenn Lena verstehen würde, wie die Therapeutin auf ihre Unsicherheit reagiert, hätte sie ein Stück weit verstanden, welchen Einfluss sie auf den Verlauf der Beziehungen hat.

12 Adhärenz und Wirksamkeit von MBT-A

MBT gilt hinsichtlich der Behandlung von BPS als evidenzbasiert (Stoffers et al., 2012) und zeigt sich in den aktuellen Studien als aussichtsreich bei antisozialer Persönlichkeitsstörung (ASPS) (McGauley, Yakeley, Williams u. Bateman, 2011), Essstörungen (Skarderud, 2007), posttraumatischen Belastungsstörungen (Allen, Bleiberg u. Haslam-Hopwood, 2003) und Psychosen (Brent, 2009). Es werden derzeit Erweiterungen der Indikation durch die Entwicklung und Überprüfung störungsspezifisch angepasster Manuale überprüft, etwa MBT bei Störungen des Sozialverhaltens und zur ergänzenden Behandlung von Suchtpatienten (Philips u. Taubner, 2016).

In Bezug auf Adoleszente liegt eine abgeschlossene randomisiert kontrollierte Studie (Randomized Controlled Trial, RCT) vor, welche die Wirksamkeit der MBT-A für die Behandlung selbstverletzender Jugendlicher belegt (Rossouw u. Fonagy, 2012). Hierbei wurden 80 Adoleszente mit selbstverletzendem Verhalten (Non-Suicidal Self Injury, NSSI) in entweder MBT-A oder einer herkömmlichen Behandlung (Treatment as usual, TAU) randomisiert. Beide Verfahren wurden ambulant über zwölf Monate durchgeführt. Die MBT-A fand einmal wöchentlich als Einzelsitzung und mit monatlichen Familiensitzungen statt. TAU bestand aus verschiedenen psychotherapeutischen oder psychiatrischen Interventionen, deren Dosis sich nicht von der MBT-A unterschied. Die Teilnehmenden waren zu 85 % weiblich und erfüllten mit 73 % die Kriterien für eine BPS.

In der Postmessung zeigte sich eine Überlegenheit der MBT-A für die Reduktion von selbstverletzendem Verhalten, Depressivität, Borderlinesymptomatik und Bindungsvermeidung sowie die Steigerung von Mentalisierung. Hierbei ergab sich in einer weiteren Auswertung, dass der Rückgang des selbstverletzenden Verhaltens durch die Steigerung der Mentalisierung und den Abbau der Bindungsvermeidung vollständig erklärt (mediiert) werden konnte.

Eine Pilotstudie aus den Niederlanden zeigte, dass ein intensives teilstationäres MBT-A-Programm (Wochenenden wurden in der Familie verbracht) mit vier Gruppen- und einer Einzelsitzung pro Woche sowie Familiensitzungen alle drei Wochen nach zwölf Monaten eine deutliche Reduktion der allgemeinen Symptombelastung und der Persönlichkeitsprobleme bewirkte (Laurenssen et al., 2014). Aufgrund von strukturellen Problemen in der Implementation wurde ein Qualitätsmanual von der niederländischen Gruppe entwickelt, welches die Fortführung der MBT und MBT-A in der Regelversorgung absichern soll (Hutsebaut, Bales, Busschbach u. Verheul, 2012; Bateman, Bales u. Hutsebaut, 2012).

Eine kürzlich veröffentlichte Metaanalyse kommt in Bezug auf die Evidenz zur Behandlung adoleszenter NSSI unter Berücksichtigung von 19 RCTs mit insgesamt 2.176 Patienten zu dem Schluss, dass die Reduktion der adoleszenten NSSI am ehesten mit Psychotherapie erreicht werden kann und dass die größten Effekte nachweisbar sind für die Dialektisch-Behaviorale Therapie für Adoleszente (DBT-A), die Kognitive Verhaltenstherapie (KVT) und die MBT-A (Ougrin, Tranah, Stahl, Moran u. Asarnow, 2015). Die Übersichtsarbeit bemängelt allerdings, dass für keines der Verfahren bisher eine unabhängige Replikation der Ergebnisse vorliegt. Seit 2016 wird nun eine dänische RCT durchgeführt, welche diesen Mangel beheben wird (Beck et al., 2016). In die RCT sollen perspektivisch 112 Adoleszente, die mindestens vier BPS-Kriterien erfüllen, aufgenommen werden. Hierbei wird ein ambulantes MBT-A-Therapieprogramm mit einer TAU-Behandlung über einen Zeitraum von zwölf Monaten verglichen. Das MBT-A-Programm umfasst drei Wochen MBT-AI, gefolgt von 37 Sitzungen MBT-Gruppe (plus drei individuelle Sitzungen zur Formulierung des individuellen Fokus) und einer begleitenden Gruppenpsychoedukation der Eltern. Ziel der Therapie ist die Reduktion von BPS-Symptomen. Die Studie folgt einer Erfolg versprechenden Pilotstudie (Bo, 2016). Aktuell wird darüber hinaus die Wirksamkeit der MBT für Adoleszente mit Störung des Sozialverhaltens im Vergleich zur Standardbehandlung (Taubner, Gablonski, Sevecke u. Volkert, in Vorbereitung) experimentell untersucht.

13 Fazit und Ausblick

Die MBT-A stellt eine der vielversprechenden neuen psychodynamischen manualisierten Therapien für Jugendliche mit Persönlichkeitsstörungen dar neben den psychodynamischen Ansätzen zur Behandlung von Jugendlichen mit Identitätsstörungen (Adolescent Identity Treatment, AIT; Foelsch et al., 2013), der psychodynamischen interaktionellen Methode für Adoleszente (PIM; Salzer, Cropp u. Streeck-Fischer, 2014), der Übertragungsfokussierten Psychotherapie (Transference-Focused Psychotherapy, TFP; Kernberg, Krischer u. Foelsch, 2008) sowie der Dialektisch-Behavioralen Therapie für Adoleszente (DBT-A; Fleischhaker, Sixt u. Schulz, 2011).

Die MBT-A kann dabei als eine bedeutsame Ergänzung der analytischen und tiefenpsychologischen Behandlung von Jugendlichen durch den systematischen Fokus auf dem Strukturmerkmal Mentalisierung betrachtet werden. Die therapeutischen Prinzipien der MBT-A können grundsätzlich auch in jedes andere Therapieverfahren sowie in andere psychosoziale Arbeitssettings mit Jugendlichen integriert werden.

Um MBT-Praktiker bzw. -Praktikerin zu werden, müssen folgende Qualifizierungsschritte durchlaufen werden: Teilnahme an einem MBT-Basistraining sowie Durchführung von MBT-Therapien unter Supervision durch einen akkreditierten MBT-Praktiker (www.bpc.org.uk/mbt-roster). Nach Implementation der MBT-Prinzipien im klinischen Alltag kann der MBT-Praktiker-Kurs absolviert werden, den es in den Spezialisierungen BPS, ASPS, für Familien (MBT-F) und für Adoleszente (MBT-A) gibt. Anschließend kann der Supervisorenstatus erreicht werden, wenn sechs supervidierte MBT-Fälle durchgeführt und erfolgreich am Supervisorenkurs teilgenommen wurde. MBT-Trainer kann werden, wer die vorherigen Schritte durchlaufen hat und gemeinsame Trainings als Training-to-Train mit den Londoner Kollegen absolviert hat.

Derzeit gibt es im deutschsprachigen Raum bereits fünf akkreditierte MBT-A-Supervisorinnen. Darüber hinaus soll die Entwicklung und Verbreitung der MBT-A im Rahmen des neu gegründeten Mentalisierungsnetzwerks mit deutschen, österreichischen und schweizerischen Kolleginnen und Kollegen weiter vorangetrieben werden (www.mentalisieren.com).

Zusammenfassend ist die MBT-A für spezifische Diagnosen in der Adoleszenz zu empfehlen: zur Krisenintervention als Kurzzeittherapie, zur Behandlung bei Patienten und Patientinnen mit BPS und SSV aufgrund des Chronifizierungsrisikos in einem längerfristigen Setting sowie zur Behandlung von Patienten mit strukturellen Einschränkungen bzw. damit verbundenen Mentalisierungsdefiziten. Andere Störungsgruppen wurden bislang nicht behandelt, es findet jedoch eine stetige transdiagnostische Weiterentwicklung des Konzepts statt. Und damit verbunden, befinden sich weitere Studien zur spezifischen Wirksamkeitsprüfung auf dem Weg.

Literatur

Allen, J. G., Bleiberg, E., Haslam-Hopwood, T. (2003). Mentalizing as a compass for treatment. Bulletin of the Menninger Clinic, 67 (1), 1–4.
Allen, J. G., Fonagy, P., Bateman, A. (2011). Mentalisieren in der psychotherapeutischen Praxis. Stuttgart: Klett-Cotta.
Arnett, J. J. (2015). Emerging adulthood: The winding road from the late teens through the twenties (2nd ed.). New York u. a.: Oxford University Press.
Asen, E., Fonagy, P. (2012). Mentalization-based therapeutic interventions for families. Journal of Family Therapy, 34 (4), 347–370; doi: 10.1111/j.1467-6427.2011.00552.x.
Baird, A., Fugelsang, J., Bennett, C. (2005). What were you thinking: An fMRI study of adolescent decision-making. Poster presented at the 12th Annual Cognitive Neuroscience Society (CNS) Meeting, New York.
Bales, D. (2016). The development of a range of mentalizing interventions according to clinical stages of Borderline PD in adolescents: MBT early and IOP MBT-A. 3rd International MBT Conference, Geneva.
Baron-Cohen, S. (1995). Mindblindness. An Essay on autism and theory of mind. Cambridge, MA: MIT Press.
Bateman, A. (2014). Mentalization based treatment – a summary of the core model. Unveröffentlichtes Manuskript.
Bateman, A., Bales, D., Hutsebaut, J. (2012). A quality manual for MBT. Draft presented at Nordic MBT-network meeting, Oslo.
Bateman, A., Fonagy, P. (2004). Psychotherapy for borderline personality disorder: Mentalization-based treatment. Oxford medical publications. Oxford u. New York: Oxford University Press.
Bateman, A., Fonagy, P. (Eds.) (2012). Handbook of mentalizing in mental health practice. Washington, DC: American Psychiatric Publishing.
Bateman, A., Fonagy, P. (2016). Mentalization-based treatment for personality disorders: A practical guide. Oxford: Oxford University Press.
Beck, E., Bo, S., Gondan, M., Poulsen, S., Pedersen, L., Pedersen, J., Simonsen, E. (2016). Mentalization-based treatment in groups for adolescents

with borderline personality disorder (BPD) or subthreshold BPD versus treatment as usual (M-GAB): Study protocol for a randomized controlled trial. Trials, 17 (1), 314; doi: 10.1186/s13063-016-1431-0.

Benbassat, N., Priel, B. (2012). Parenting and adolescent adjustment: The role of parental reflective function. Journal of Adolescence, 35 (1), 163–174; doi: 10.1016/j.adolescence.2011.03.004.

Bo, S. (2016). Mentalization-based treatment in groups for adolescents with borderline personality disorder or subthreshold borderline personality disorder (M-GAB): A feasibility study. 4th International Congress on Borderline Personality Disorders and Allied Disorders, Vienna.

Borelli, J. L., Compare, A., Snavely, J. E., Decio, V. (2014). Reflective functioning moderates the association between perceptions of parental neglect and attachment in adolescence. Psychoanalytic Psychology, 32 (1), 23–35; doi: 10.1037/a0037858.

Bowlby, J. (1969). Attachment and loss. Vol. 1: Attachment. New York: Basic Books.

Bowlby, J. (1973). Attachment and loss. Vol. 2: Separation. Anxiety and anger. New York: Basic Books. (Dt.: Trennung. Angst und Zorn (Bd. 2). München u. a.: Reinhardt, 2006)

Brent, B. (2009). Mentalization-based psychodynamic psychotherapy for psychosis. Journal of Clinical Psychology, 65 (8), 803–814; doi: 10.1002/jclp.20615.

Casey, B. J., Jones, R. M., Hare, T. A. (2008). The adolescent brain. Annals of the New York Academy of Sciences, 1124, 111–126; doi: 10.1196/annals.1440.010.

Chanen, A. M., McCutcheon, L. K. (2008). Personality disorder in adolescence: The diagnosis that dare not speak its name. Personality and Mental Health, 2 (1), 35–41; doi: 10.1002/pmh.28.

Chanen, A. M., McCutcheon, L. (2013). Prevention and early intervention for borderline personality disorder: Current status and recent evidence. The British Journal of Psychiatry. Supplement, 202 (s54), s24–29; doi: 10.1192/bjp.bp.112.119180.

Choi-Kain, L. W., Gunderson, J. G. (2008). Mentalization. Ontogeny, assessment, and application in the treatment of borderline personality disorder. The American Journal of Psychiatry, 165 (9), 1127–1135; doi: 10.1176/appi.ajp.2008.07081360.

Cropp, C., Alexandrowicz, R., Taubner, S. (im Review). Reflective Functioning Scale in adolescence: A first validation of the scale in a community sample. Attachment & Human Development.

Dishion, T. J., Nelson, S. E., Bullock, B. M. (2004). Premature adolescent autonomy: Parent disengagement and deviant peer process in the amplification of problem behaviour. Journal of Adolescence, 27 (5), 515–530.
Du Bois, R., Resch, F. (2005). Klinische Psychotherapie des Jugendalters. Ein integratives Praxisbuch. Stuttgart: Kohlhammer.
Fleischhaker, C., Sixt, B., Schulz, E. (2011). DBT-A: Dialektisch-behaviorale Therapie für Jugendliche. Ein Therapiemanual mit Arbeitsbuch auf CD. Berlin u. Heidelberg: Springer.
Foelsch, P. A., Schlüter-Müller, S., Odom, A. E., Arena, H., Borzutzky, H. A., Schmeck, K. (2013). Behandlung von Jugendlichen mit Identitätsstörungen (AIT). Berlin u. Heidelberg: Springer.
Fonagy, P. (2003). Das Verständnis für geistige Prozesse, die Mutter-Kind-Interaktion und die Entwicklung des Selbst. In P. Fonagy, M. Target (Hrsg.), Bibliothek der Psychoanalyse. Frühe Bindung und psychische Entwicklung. Beiträge aus Psychoanalyse und Bindungsforschung (S. 31–48). Gießen: Psychosozial-Verlag.
Fonagy, P., Bateman, A., Bateman, A. (2011). The widening scope of mentalizing: A discussion. Psychology and Psychotherapy: Theory, Research and Practice, 84 (1), 98–110; doi: 10.1111/j.2044-8341.2010.02005.x.
Fonagy, P., Gergely, G., Jurist, E. L., Target, M. (2002). Affect regulation, mentalization, and the development of the self. London: Karnac Books.
Fonagy, P., Luyten, P. (2009). A developmental, mentalization-based approach to the understanding and treatment of borderline personality disorder. Development and Psychopathology, 21 (4), 1355–1381; doi: 10.1017/S0954579409990198.
Fonagy, P., Luyten, P., Allison, E. (2015). Epistemic petrification and the restoration of epistemic trust: A new conceptualization of borderline personality disorder and its psychosocial treatment. Journal of Personality Disorders, 29 (5), 575–609; doi: 10.1521/pedi.2015.29.5.575.
Fonagy, P., Luyten, P., Bateman, A. (2015). Translation: Mentalizing as treatment target in borderline personality disorder. Personality Disorders, 6 (4), 380–392; doi: 10.1037/per0000113.
Fonagy, P., Luyten, P., Bateman, A. W., Gergely, G., Strathearn, L., Target, M., Allison, E. (2010). Attachment and personality pathology. In J. F. Clarkin, P. Fonagy, G. O. Gabbard (Eds.), Psychodynamic psychotherapy for personality disorders (pp. 37–87). Washington, DC: American Psychiatric Publishing.
Fonagy, P., Luyten, P., Strathearn, L. (2011). Borderline personality disorder, mentalization, and the neurobiology of attachment. Infant Mental Health Journal, 32 (1), 47–69; doi: 10.1002/imhj.20283.

Fonagy, P., Steele, M., Steele, H., Moran, G. S., Higgitt, A. C. (1991). The capacity for understanding mental states: The reflective self in parent and child and its significance for security of attachment. Infant Mental Health Journal, 12 (3), 200–217.

Gallarin, M., Alonso-Arbiol, I. (2012). Parenting practices, parental attachment and aggressiveness in adolescence: A predictive model. Journal of Adolescence, 35 (6), 1601–1610.

Goldstein, S. E., Davis-Kean, P. E., Eccles, J. S. (2005). Parents, peers, and problem behavior: A longitudinal investigation of the impact of relationship perceptions and characteristics on the development of adolescent problem behavior. Developmental Psychology, 41 (2), 401–413.

Herpertz-Dahlmann, B., Resch, F., Schulte-Markwort, M., Warnke, A. (Hrsg.) (2008). Entwicklungspsychiatrie. Biopsychologische Grundlagen und die Entwicklung psychischer Störungen (2. Aufl.). Stuttgart u. a.: Schattauer.

Hofstra, M. B., van der Ende, J., Verhulst, F. C. (2002). Child and adolescent problems predict DSM-IV disorders in adulthood: A 14-year follow-up of a Dutch epidemiological sample. Journal of the American Academy of Child and Adolescent Psychiatry, 41 (2), 182–189; doi: 10.1097/00004583-200202000-00012.

Hutsebaut, J., Bales, D. L., Busschbach, J. J., Verheul, R. (2012). The implementation of mentalization-based treatment for adolescents: A case study from an organizational, team and therapist perspective. International Journal of Mental Health Systems, 6 (1), 10; doi: 10.1186/1752-4458-6-10.

Kaess, M., Brunner, R., Chanen, A. (2014). Borderline personality disorder in adolescence. Pediatrics, 134 (4), 782–793; doi: 10.1542/peds.2013-3677.

Kernberg, O. F., Krischer, M. K., Foelsch, P. A. (2008). Transference focused psychotherapy for adolescents: A preliminary communication [Übertragungsfokussierte Psychotherapie für Jugendliche: Der vorläufige Stand]. Praxis der Kinderpsychologie und Kinderpsychiatrie, 57 (8–9), 662–692; doi: 10.13109/prkk.2008.57.89.662.

Kirsch, H., Brockmann, J., Taubner, S. (2016). Praxis des Mentalisierens. Stuttgart: Klett-Cotta.

Kobak, R., Rosenthal, N. L., Zajac, K., Madsen, S. D. (2007). Adolescent attachment hierarchies and the search for an adult pair-bond. New Directions for Child and Adolescent Development, 2007 (117), 57–72; doi: 10.1002/cd.194.

Larose, S., Bernier, A. (2001). Social support processes: Mediators of attachment state of mind and adjustment in late adolescence. Attachment & Human Development, 3 (1), 96–120; doi: 10.1080/14616730010024762.

Laurenssen, E. M. P., Westra, D., Kikkert, M. J., Noom, M. J., Eeren, H. V., van Broekhuyzen, A. J., Peen, J., Luyten, P., Busschbach, J. J. V., Dekker, J. J. M. (2014). Day Hospital Mentalization-Based Treatment (MBT-DH) versus treatment as usual in the treatment of severe borderline personality disorder: protocol of a randomized controlled trial. BMC Psychiatry, 14, 149. doi:10.1186/1471-244X-14-149.

Luyten, P., Fonagy, P., Lowyck, B., Vermote, R. (2012). Assessment of mentalization. In A. Bateman, P. Fonagy (Eds.), Handbook of mentalizing in mental health practice (pp. 43–65). Washington, DC: American Psychiatric Publishing.

McGauley, G., Yakeley, J., Williams, W., Bateman, A. W. (2011). Attachment, mentalization and antisocial personality disorder. The possible contribution of mentalization-based treatment. European Journal of Psychotherapy & Counselling, 13 (4), 371–393; doi: 10.1080/13642537.2011.629118.

Mutlu, A. K., Schneider, M., Debbane, M., Badoud, D., Eliez, S., Schaer, M. (2013). Sex differences in thickness, and folding developments throughout the cortex. Neuroimage, 82, 200–207; doi: 10.1016/j.neuroimage.2013.05.076.

Ougrin, D., Tranah, T., Stahl, D., Moran, P., Asarnow, J. R. (2015). Therapeutic interventions for suicide attempts and self-harm in adolescents: Systematic review and meta-analysis. Journal of the American Academy of Child and Adolescent Psychiatry, 54 (2), 97–107.e2; doi: 10.1016/j.jaac.2014.10.009.

Persike, M., Seiffge-Krenke, I. (2016). Stress with parents and peers: How adolescents from 18 nations cope with relationship stress. Anxiety, Stress & Coping: An International Journal, 29 (1), 38–59. doi: 10.1080/10615806.2015.1021249.

Philips, B., Taubner, S. (2016). Mentalisierungsbasierte Therapie bei Suchterkrankungen. Persönlichkeitsstörungen – Theorie und Therapie, 20 (1), 49–56.

Polan, H. J., Hofer, M. A. (2008). Psychobiological origins of infant attachment and separation responses. In J. Cassidy, P. R. Shaver (Eds.), Handbook of attachment. Theory, research, and clinical applications (2nd ed.). New York u. a.: Guilford Press.

Remschmidt, H. (1992). Adoleszenz. Entwicklungen und Entwicklungskrisen im Jugendalter: Stuttgart: Thieme.

Rossouw, T. I., Fonagy, P. (2012). Mentalization-based treatment for self-harm in adolescents: A randomized controlled trial. Journal of the American Academy of Child and Adolescent Psychiatry, 51 (12), 1304–1313.e3; doi: 10.1016/j.jaac.2012.09.018.

Salzer, S., Cropp, C., Streeck-Fischer, A. (2014). Early intervention for borderline personality disorder: Psychodynamic therapy in adolescents. Zeitschrift für Psychosomatische Medizin und Psychotherapie, 60 (4), 368–382; doi: 10.13109/zptm.2014.60.4.368.
Schmid, M., Schmeck, K., Petermann, F. (2008). Persönlichkeitsstörungen im Kindes- und Jugendalter? Kindheit und Entwicklung, 17 (3), 190–202; doi: 10.1026/0942–5403.17.3.190.
Shaw, P., Greenstein, D., Lerch, J., Clasen, L., Lenroot, R., Gogtay, N., Giedd, J. (2006). Intellectual ability and cortical development in children and adolescents. Nature, 440 (7084), 676–679; doi: 10.1038/nature04513.
Skarderud, F. (2007). Eating one's words, part II. The embodied mind and reflective function in anorexia nervosa-theory. European Eating Disorders Review, 15 (4), 243–252; doi: 10.1002/erv.778.
Slade, A., Grienenberger, J., Bernbach, E., Levy, D., Locker, A. (2005). Maternal reflective functioning, attachment, and the transmission gap: A preliminary study. Attachment & Human Development, 7 (3), 283–298; doi: 10.1080/14616730500245880.
Spangler, G., Zimmermann, P. (1999). Attachment representation and emotion regulation in adolescents: A psychobiological perspective on internal working models. Attachment & Human Development, 1 (3), 270–290; doi: 10.1080/14616739900134151.
Sperber, D., Clément, F., Heintz, C., Mascaro, O., Mercier, H., Origgi, G., Wilson, D. (2010). Epistemic vigilance. Mind & Language, 25 (4), 359–393; doi: 10.1111/j.1468–0017.2010.01394.x.
Staats, H., Taubner, S. (2015). »Wirklich erwachsen werden?« – Entwicklungspsychologie des »Emerging Adulthood«. Die Psychodynamische Psychotherapie, 14 (4), 203–213.
Steinberg, L. (2008). A social neuroscience perspective on adolescent risk-taking. Developmental Review: DR, 28 (1), 78–106; doi: 10.1016/j.dr.2007.08.002.
Stern, D. N. (2000). The interpersonal world of the infant: A view from psychoanalysis and developmental psychology; with a new introduction by the author (1. paperback ed.). New York: Basic Books.
Stoffers, J. M., Völlm, B. A., Rücker, G., Timmer, A., Huband, N., Lieb, K. (2012). Psychological therapies for people with borderline personality disorder. The Cochrane Database of Systematic Reviews, 8, CD005652; doi: 10.1002/14651858.CD005652.pub2.
Taubner, S. (2008). Einsicht in Gewalt. Gießen: Psychosozial-Verlag.
Taubner, S. (2015). Konzept Mentalisieren. Eine Einführung in Forschung und Praxis. Gießen: Psychosozial-Verlag.

Taubner, S., Curth, C. (2013). Mentalization mediates the relation between early traumatic experiences and aggressive behavior in adolescence. Psihologija, 46 (2), 177–192; doi: 10.2298/PSI1302177T.

Taubner, S., Fonagy, P., Bateman, A. (im Druck). Mentalisierungs-Basierte Therapie (Fortschritte der Psychotherapie). Göttingen: Hogrefe.

Taubner, S., Gablonski, T., Sevecke, K., Volkert, J. (in Vorbereitung). Mentalisierungs-Basierte Therapie für Jugendliche mit Störungen des Sozialverhaltens – eine multizentrische quasi-experimentelle Studie.

Taubner, S., Nolte, T., Luyten, P., Fonagy, P. (2010). Mentalisierung und das Selbst. Persönlichkeitsstörungen: Theorie und Therapie, 14 (4), 243–258.

Taubner, S., Rabung, S., Bateman, A., Fonagy, P. (im Druck). Psychoanalytic concepts of violence and aggression. In P. Sturmey (Ed.), The Wiley handbook of violence and aggression. Vol. 1: Definition, conception, and development. Hoboken, NJ: John Wiley & Sons.

Taubner, S., Rossouw, T., Volkert, J., Nolte, T., Sevecke, K., Bateman, A. (2016). Mentalisierungs-Basierte Therapie für Adoleszente mit Störung des Sozialverhaltens. Unveröffentlichtes Manuskript.

Taubner, S., Schroeder, P., Zimmerman, L., Nolte, T. (im Druck). Bindung im Jugendalter. In B. Strauß, H. Schauenburg (Hrsg.), Handbuch Bindungsforschung. Stuttgart: Kohlhammer.

Taubner, S., Sevecke, K., Roussow, T. (2015). Mentalisierungsbasierte Therapie bei Jugendlichen (MBT-A) mit Persönlichkeitsstörungen. Persönlichkeitsstörungen: Theorie und Therapie, 19 (1), 33–43.

Taubner, S., White, L. O., Zimmermann, J., Fonagy, P., Nolte, T. (2013). Attachment-related mentalization moderates the relationship between psychopathic traits and proactive aggression in adolescence. Journal of Abnormal Child Psychology, 41 (6), 929–938; doi: 10.1007/s10802-013-9736-x.

Taubner, S., Wiswede, D., Nolte, T., Roth, G. (2010). Mentalisierung und externalisierende Verhaltensstörungen in der Adoleszenz. Psychotherapeut, 55 (4), 312–320; doi: 10.1007/s00278-010-0753-8.

Taubner, S., Wolter, S. (2016). Mentalisierung, Affektregulation, Empathie. In G. Poscheschnik, B. Traxl (Hrsg.), Handbuch Psychoanalytische Entwicklungswissenschaft (S. 147–170). Gießen: Psychosozial-Verlag.

Taubner, S., Zimmermann, L., Ramberg, A., Schroeder, P. (2016). Mentalization mediates the relationship between early maltreatment and potential for violence in adolescence. Psychopathology; doi: 10.1159/000448053.

van Eijck, F. E., Branje, S. J. T., Hale III, W. W., Meeus, W. H. J. (2012). Longitudinal associations between perceived parent-adolescent attachment relationship quality and generalized anxiety disorder symptoms in adolescence. Journal of Abnormal Child Psychology, 40 (6), 871–883.

van IJzendoorn, M. (1995). Adult attachment representations, parental responsiveness, and infant attachment: A meta-analysis on the predictive validity of the Adult Attachment Interview. Psychological Bulletin, 117 (3), 387–403; doi: 10.1037/0033-2909.117.3.387.

Waters, E., Merrick, S., Treboux, D., Crowell, J., Albersheim, L. (2000). Attachment security in infancy and early adulthood: A twenty-year longitudinal study. Child Development, 71 (3), 684–689; doi: 10.1111/1467-8624.00176.

Weiss, R. S. (1991). The attachment bond in childhood and adulthood. In C. M. Parkes, J. Stevenson-Hinde, P. Marris (Eds.), Attachment across the life cycle (pp. 66–76). London: Routledge.

Wilson, D., Sperber, D. (2012). Meaning and relevance. Cambridge: Cambridge University Press.

Winnicott, D. W. (1956). Primary maternal preoccupation. London: Tavistock.

Anhang: Krisenplan

Informationen für Dich: Positive Dinge, die Du tun kannst, wenn Du in der Krise bist:	Informationen für Fachkräfte: So siehst Du Deine Probleme aktuell:	Handlungsanregungen für Fachkräfte Dinge, die Du Dir von Fachkräften wünschst, die Dir helfen, wenn Du in einer Krise bist:
	Details über Deine aktuelle Behandlungssituation:	Wer soll den Krisenplan bekommen (Personen, Institutionen):
	Körperliche Erkrankungen und aktuelle Medikation:	
	Situationen, die Krisen herbeiführen:	

PSYCHODYNAMIK KOMPAKT

Cord Benecke
Psychodynamische Therapien und Verhaltenstherapie im Vergleich: Zentrale Konzepte und Wirkprinzipien
2016. 72 Seiten mit 1 Tab., kart.
ISBN 978-3-525-40568-0

Gitta Binder-Klinsing
Psychodynamische Supervision
2016. 68 Seiten, kartoniert
ISBN 978-3-525-40558-1

Stephan Doering
Übertragungsfokussierte Psychotherapie (TFP)
2016. 84 Seiten mit 3 Abb. und 1 Tab. kartoniert
ISBN 978-3-525-40569-7

Gerd Rudolf
Psychotherapeutische Identität
2016. 67 Seiten, kartoniert
ISBN 978-3-525-40572-7

Luise Reddemann
Mitgefühl, Trauma und Achtsamkeit in psychodynamischen Therapien
2016. 64 Seiten, kartoniert
ISBN 978-3-525-40556-7

Christiane Ludwig-Körner
Eltern-Säuglings-Kleinkind-Psychotherapie
2016. 70 Seiten, kartoniert
ISBN 978-3-525-40560-4

Jürgen Körner
Psychodynamische Interventionsmethoden
2016. 64 Seiten, kartoniert
ISBN 978-3-525-40561-1

Kathrin Sevecke / Maya Krischer
Jugendliche Persönlichkeitsstörungen im psychodynamischen Diskurs
2016. 73 Seiten kartoniert
ISBN 978-3-525-40559-8

Alle Bände auch als eBook erhältlich. Sie finden ausführliche Leseproben auf www.v-r.de

Verlagsgruppe Vandenhoeck & Ruprecht | V&R unipress

www.v-r.de

PSYCHODYNAMIK KOMPAKT

Christiane Steinert /
Falk Leichsenring
**Psychodynamische
Psychotherapie in Zeiten
evidenzbasierter Medizin**
Bambi ist gesund und munter
2017. 88 Seiten mit einer Abb. und einer Tab. kartoniert
ISBN 978-3-525-40573-4

Inge Seiffge-Krenke /
Fatima Cinkaya
**Behandlungsabbrüche:
Therapeutische
Konsequenzen einer
Metaanalyse**
2017. 80 Seiten mit 4 Abb., kartoniert
ISBN 978-3-525-40580-2

Ibrahim Özkan / Maria Belz
**Psychotherapeutische
Arbeit mit Migranten und
Flüchtlingen**
2017. Ca. 60 Seiten, kartoniert
ISBN 978-3-525-40578-9

Stephan Bender
**Einführung in die
Schematherapie aus
psychodynamischer Sicht**
Eine integrative, schulenübergreifende Konzeption
2017. Ca. 60 Seiten, kartoniert
ISBN 978-3-525-40574-1

Gerd Lehmkuhl / Ulrike Lehmkuhl
**Kunst als Medium
psychodynamischer
Therapie mit Jugendlichen**
2017. Ca. 60 Seiten mit farb. Abb. kartoniert
ISBN 978-3-525-40575-8

Martin Teising
**Selbstbestimmung
zwischen Wunsch und
Illusion**
Eine psychoanalytische Sicht
2017. 82 Seiten kartoniert
ISBN 978-3-525-40577-2

Alle Bände auch als eBook erhältlich. Sie finden ausführliche Leseproben auf www.v-r.de

Verlagsgruppe Vandenhoeck & Ruprecht | V&R **unipress**

www.v-r.de